LA FAMILLE
DESCARTES
EN BRETAGNE

1586 — 1762

PAR

M. Sigismond ROPARTZ

SAINT-BRIEUC
IMPRIMERIE-LITHOGRAPHIE DE L. PRUD'HOMME
1876

LA FAMILLE

DESCARTES

EN BRETAGNE

1586—1762

LA FAMILLE
DESCARTES
EN BRETAGNE

1586 — 1762

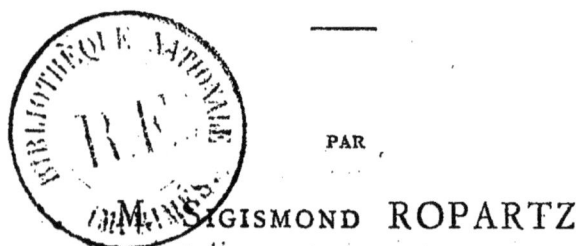

PAR

M. SIGISMOND ROPARTZ

SAINT-BRIEUC

IMPRIMERIE-LITHOGRAPHIE DE L. PRUD'HOMME

1876

ERRATUM

Pages 12 ligne 15 — Berlaud, *lisez* Berland.
     14 — 21 — eu, *lisez* eus.
     25 — 24 — Le Levrier, *lisez* Le Levier.
     32 — 33 — originaire, *lisez* originaires
     36 — 25 — Harpin, *lisez* Herpin.
     55 — 10 — 1616, *lisez* 1636.
     167 — 25 — sur l'*Exil*, *lisez* de l'*Exil*.
     181 — 4 — carrossse, *lisez* carrosse.
     184 — 21 — du célèbre homme, *lisez* d'un homme célèbre
     186 — 25 — la guérir, *lisez* le guérir.
     188 — 13 — vous ne vous, *lisez* vous ne nous.
     206 — 31 — beau-frère, *lisez* oncle.
     217 — 24 — Le avril, *lisez* Le 17 avril.
     237 — 19 — connaître, *lisez* savoir.

A LA MÉMOIRE

DE MON FILS AINÉ

SIGISMOND ROPARTZ

Mort le 14 Décembre 1875

LA FAMILLE
DESCARTES
EN BRETAGNE
(1586-1762)

I.

L'éclat du nom de René Descartes a, pour ainsi dire, rejeté dans l'ombre le souvenir de ses parents, comme le soleil fait disparaître les astres de la nuit. On en est arrivé à discuter son pays d'origine ; la Touraine, le Poitou, la Bretagne l'ont tour à tour revendiqué. Catherine Descartes, la propre nièce de René, a, en ce qui concerne le grand philosophe, précisé le fait en un fort mauvais vers :

Conçu chez les Bretons, il naquit en Touraine.

Reste l'origine de la famille et du nom. Les Tourangeaux la réclament, parce qu'il y a un fief des Cartes, au voisinage de Vaugour. Parmi les modernes, la plupart de ceux qui ont écrit sur le philosophe en font un breton ; les poëtes ont créé une trilogie bretonne d'Abelard, de Descartes et de Lamennais. Enfin, les Poitevins maintiennent, à leur tour, que les Descartes sont originaires du Poitou ; pour préciser davantage, de la petite ville de Châtellerault, à côté de laquelle ils avaient tout leur patrimoine, notamment en l'ancienne paroisse de Poizaile-Joli, la seigneurie des Cartes, petit fief dont ils tiraient leur nom, et qui relevait à foi et hommage simple, de la seigneurie de Mousseau (1).

Dès ici j'affirme, et j'invoquerai plus tard le témoignage de Joachim Descartes, le père de René, et celui non moins concluant du frère aîné de René, Pierre Descartes, que ce sont les Poitevins qui ont raison, et que les Descartes sont originaires de Châtellerault.

J'ai dit que Joachim Descartes, conseiller au Parlement de Bretagne, était père de René ; il était fils de Pierre Descartes et de Claude Ferrand. Pierre Descartes était médecin à Châtellerault. Ces fonctions de médecin n'ont pas paru assez honorables à Baillet, le prolixe historiographe de René Descartes, et qui, d'ailleurs, ayant écrit en ses liminaires que le philosophe « étoit sorti d'une maison qui avoit été considérée jusqu'alors comme l'une des plus nobles, des plus anciennes et des mieux appuyées de la Touraine », était fort gêné de se rabattre sur un mé-

---

(1) Actes de 1563, 1564 et 1785, archives de M. d'Argenson, cités par l'abbé Lalanne. *Bulletin des antiquaires de l'Ouest*, 4e Trim. 1857.

decin poitevin. Il rejète donc notre docteur au second plan.

« Il y avoit encore, dit-il, en Touraine, une autre branche de l'ancienne maison de Descartes ou des Quartes, qui se trouva transformée par ses alliances dans des familles étrangères, du temps de Henry II. Cette branche s'étoit divisée, sous le règne de Charles VII, en aînés, qui surent se maintenir noblement jusqu'à la fin, *hantant les bans et arrièresbans sans jamais déroger à leur état* (1), et, en puinés, qui furent obligés d'entrer dans le négoce pour subsister. De ces derniers étoit venu un médecin de Châtellerault, en Poitou, nommé Pierre Descartes, qui, du temps de François I*er*, soutint un procès à la Cour des Aides de Paris contre les Elus de cette ville (Châtellerault), qui prétendoient le mettre à la taille. Il fut rétabli par la Cour dans tous les droits de sa noblesse, après avoir fidèlement représenté sa généalogie par générations non interrompues jusqu'au roi Charles V. Mais la branche des uns et des autres s'étant séparée de celle de M. Descartes le philosophe, dès le temps de Philippe de Valois, je les ai jugés trop éloignés de lui, et trop indifférents à notre sujet pour en rapporter ici les noms et les qualités. »

Et là-dessus, Baillet donne au mari de Claude Ferrand, au père de Joachim, toute une histoire. « Pierre Descartes, écrit-il, n'eût pas d'autres enfants que Joachim ; c'étoit un gentilhomme aisé, qui s'étoit retiré de bonne heure du service et des emplois pour

---

(1) Registre de la Cour des Aides, du 4 septembre 1547, avec les pièces originaires du procès.

goûter plus longtemps le fruit du repos qu'il s'étoit procuré. Mais il n'hésita jamais de l'interrompre lorsqu'il fut question de servir son prince et la patrie. Il se signala même depuis en diverses occasions, et, s'étant jeté dans la ville de Poitiers l'an 1569, avec le comte de Lude pour en soutenir le siége contre les Huguenots, il contribua beaucoup à affermir le parti du roi, à faire lever le siége et à maintenir le peuple et les troupes dans l'obéissance du prince légitime. »

J'avoue que je suis très-peu édifié sur les exploits de Pierre Descartes au siége de Poitiers. Une généalogie manuscrite, trouvée par moi dans les archives de Piré, attribue ces exploits à Gilles Descartes, père de Pierre et mari de Jeanne Dupuy, fille d'un cadet de la maison du Puy-Votan, en Berry.— Baillet donne pour mari à Jeanne Dupuy un Jean Descartes; puis, à une génération en arrière, il note un Pierre Descartes, qui aurait été archevêque de Tours, oncle ou frère de Gilles. Cet archevêque me semble aussi de pure fantaisie. « Les Sainte-Marthe, confesse Baillet, ne le mentionnent pas ». Baillet en conclut qu'il fut à peine archevêque nommé de Tours; « qu'il n'eût peut-être pas le temps de se faire sacrer et de prendre possession de son siége dans toutes les formes. »

Quoiqu'il en soit de l'archevêque, et d'un maire éphémère de Tours, dont le fils fut chanoine de la métropole et dont les liens avec nos Descartes n'ont d'autres preuves que l'homonymie, il est très-certain que Pierre Descartes, époux de Claude Ferrand, fille du lieutenant de Chatellerault et sœur d'Antoine Ferrand, lieutenant au Châtelet de Paris, était bien le médecin de Châtellerault, père de Joachim Descartes et grand-père de René, dont l'aptitude et le zèle pour l'anatomie et les sciences naturelles étaient vraiment une veine de famille.

L'abbé Lalanne a recueilli dans les registres du vieux chapître de Notre-Dame de Châtellerault, une consultation médico-légale du docteur Pierre Descartes. « En l'année 1543, il fut désigné par ordonnance de Geffroy Pastoureau, lieutenant-général de la sénéchaussée, à l'effet de visiter de prétendues blessures faites à un enfant de chœur de l'église collégiale de Notre-Dame par le maître de la psalette. Le demandeur, dans ce procès, était le chapître, et le défendeur un nommé Frémond père de la victime, qui, par suite des violences exercées envers son fils, l'avait retiré de la psalette. Le savant disciple d'Esculape n'ayant découvert aucune trace de blessures et reconnu, au contraire, *les boyaux en bon état*, intervient sentence du lieutenant-général, ordonnant que l'enfant serait immédiatement reconduit à la psalette, attendu qu'il en avait été frauduleusement enlevé par son père. »

J'ai dit comment Pierre Descartes avait faitre connaître son origine nobiliaire par arrêt de la Cour des Aides de Paris, du 4 septembre 1547. Il avait dans sa maison de Châtellerault un écusson sculpté aux armes des Descartes, qui existe encore, et qui porte d'argent au sautoir de sable, cantonné de quatre palmes de sinople. C'est le même écusson que l'on voit au bas du beau portrait de René, gravé par Edelinck, pour le livre de Baillet. Cette maison du docteur Pierre Descartes avait cour devant et derrière, et était sise en face le carroir Bernard, donnant du couchant à la rue venant de la Porte Sainte-Catherine. Elle fut vendue par Pierre Descartes, conseiller au Parlement de Bretagne, et petit-fils du docteur, à Pierre Rosseteau, président en l'élection de Châtellerault. Au moment où l'abbé Lalanne écrivait, elle appartenait à M. Treuille, du chef de sa femme, héritière directe par sa mère, des Rosseteau.

« Outre sa maison, le docteur possédait quelques propriétés rurales aux environs de Châtellerault : dans la paroisse d'Oiré, la métairie de la Corgère, pour raison de laquelle il devait cinq sols tournois de cens au fief de Ferrière (1) ; — dans l'ancienne paroisse de Poisai-le-Joli, la seigneurie Des Cartes, relevant de la seigneurie de Mousseau à foi et hommage simple (2).

« Au-dessous des vignes de l'Herse, paroisse d'Antoigné, le pré appelé des Descartes, d'une contenance de vingt-quatre boisselées, à cause duquel il fut condamné, l'an 1559, à payer au prieur de Saint-Romain douze boisseaux de froment et deux gelines de cens (3). »

Son mariage avec Claude Ferrand, le mariage de Joachim, avec Jeanne Brochard, leur donnèrent en outre le Perron, la Bobinière, le Marchais, la Grande-Maison ; toutes propriétés situées à la porte de Châtellerault, dans les paroisses d'Availles, d'Asnières et d'Oiré.

Voilà comment le père de René Descartes était d'origine poitevine.

---

(1) Arch. du départ., invent. des titres du fief de Ferrière, déclaration de 1558.
(2) Actes de 1563, 1564 et 1785, archives de M. d'Argenson.
(3) Arch. du départ., aveu et dénombrement, reg. 203.

Notes de M. l'abbé Lalanne.

La famille de sa mère, Claude Ferrand, prépara tout naturellement la vocation parlementaire de Joachim. Son grand-père maternel, comme je l'ai déjà dit, était lieutenant général de Châtellerault; son oncle, Antoine Ferrand, était lieutenant particulier au Châtelet de Paris, charge qui devint véritablement héréditaire dans la famille, jusqu'à Antoine Ferrand, qui fut maître des requêtes, intendant de Bourgogne, puis de Bretagne, tandis que des frères d'Antoine, l'un devenait président aux requêtes du Palais, et l'autre conseiller au Parlement de Paris, et que leur sœur épousait M. de la Faluère, qui fut premier président au Parlement de Bretagne, où il trouvait assises deux générations de ses parents Descartes.

Joachim Descartes était avocat à Paris, lorsqu'en 1585, il obtint ses lettres de provision pour un office de conseiller au Parlement de Bretagne.

« Henry, par la grâce de Dieu, roy de France et de Pologne, à tous ceulx qui ces présentes lettres voiront, salut. Sçavoir faisons que nous à plain confians de la personne de nostre cher et bien amé Maistre Joachim Descartes, advocat en notre court du Parlement de Paris, et de sa science, suffizance, loyaulté, intégrité, prud'hommie, expériance au fait de judicature et bonne diligence à icelle: pour les dites causes et autres à ce nous mouvant, avons donné et octroyé, donnons et octroyons par ces présentes l'estat et office de nostre conseiller françois en nostre cour de Parlement de Bretagne, que naguère souloit tenir et exercer Mᵉ Anthoine Renault, dernier paisible possesseur d'icelle et dont Mᵉ Emery Renault, son fils, s'est pourvu par sa résignation, vacante à présent, par la pure et simple résignation qu'en a ce jourd'hui faicte en nos mains le dit Mᵉ Emery Renault, en faveur du dit Descartes, par son procureur, suffisamment fondé de lettres de procuration quant à ce, cy attachées, sous le contrescel de nostre chancellier. Pour le dict état et office, avoir, tenir, et dorénavant exercer et en jouir et user aux honneurs, auctorités, prérogatives, prééminences, priviléges, libertez, franchises, gages, droicts, épices de matinées et après-dinées, fruits, profits, revenus et émoluments accoutumez, et audit office appartenant, tels et semblables que nos autres conseillers françoys de nostre dicte cour les prennent et perçoivent tant qu'il nous plaît, pourveu que le résignataire vive quarante jours après la date de ces présentes. Par lesquelles donnons en mandement à nos amez et féaulx conseillers, les gens tenans nostre dicte court de Parlement de Bretagne, qu'après leur estre apparu de la capacité, probité, bonne vye, mœurs et conversation catholique dudict Descartes et d'iceluy prins et reçeu le serment en tel cas requis et accoutumé, ils le reçoivent, mettent et instituent en son dict estat et office de conseiller, ensemble les honneurs, auctorité, priviléges, etc. Mandons, en outre, à nos amez et féaulx les trésoriers généraux de France establis à Nantes, présents et advenir, que, par le receveur et payeur des gages et droits des officiers de nostre dicte court de Parlement de Bretagne, ils fassent payer, bailler et délivrer doresnavant par chacun an à commencer du jour et datte de ces présentes, audict Descartes les gages et droits aux termes et en la manière accoutumée; en rapportant pour ledict receveur et payeur ces présentes ou vidimus d'icelles, dûement collationné pour une fois seulement, et les cedules et debentur dudict Descartes sur ce suffisant, nous voulons tout ce qui payé, baillé et délivré luy aura esté à l'occasion susdicte, sera baillé et alloué en la dépense de ses comptes et rabattu de sa recepte, vers nos amez et féaulx, les gens de nos comptes audict Nantes, auxquels nous mandons ainsi le faire sans difficulté ; car tel est nostre playsir. En thémoing de quoi nous avons faict mettre et apposer nostre scel à ces présentes. Donné à.... (en blanc), le sixième jour de décembre, l'an de grâce mil cinq cent quatre-vingt-cinq, et de notre règne le douzième, signé sur le reply, pour le Roy, Boullart, et scellé à double queue du grand sceau de cire jaulne. »

Descartes présenta ces lettres au Parlement de Bretagne, le 5 février 1586, à la séance où présidait Messire René de Bourgneuf, premier président, assisté de Messire Jacques Barrin, président. Après l'information faite des vie et mœurs du candidat, il tira, à l'ouverture du livre, la loi sur laquelle il devait subir sa thèse. Il l'a soutint le 14 février. Je transcris le procès-verbal :

« M⁰ Joachim Descartes, pourveu d'un estat et office de conseiller en la cour par la résignation de M⁰ Emery Renault, entré en ladite cour, a répondu sur la loy *Si mater tua. C. de contrahenda emptione et venditione*, sur les volumes des digestes et sur la pratique, et s'estant retiré, a été délibéré sur sa suffizance et arresté qu'il sera reçu à l'exercice dudict office ; et rentré, a faict et presté le serment en tel cas requis et accoutumé. »

Descartes siégea à la chambre des enquêtes, où il se trouva assis à côté du fils de d'Argentré ; celui-ci devait déjà à son père une incontestable célébrité ; à un demi-siècle plus tard, Descartes devrait à son fils une célébrité plus grande encore.

Cette première séance était sans doute considérée comme une sorte de noviciat, que rendait d'ailleurs nécessaire pour compléter la cour, la difficulté chaque jour croissante d'un voyage à travers des pays où s'organisait déjà la guerre civile. Descartes était destiné à siéger régulièrement pendant le second semestre de l'année, celui qui s'ouvrait au mois d'août, et où il eût pour présidents messire Pierre Brulon, messire Pierre Rogier, au neveu duquel il devait un jour marier sa fille aînée, et messire François Herpin. A l'ouverture de la séance, on vit les lettres d'excuses du conseiller Jacques Berlaud, que les Huguenots détenaient à titre d'otage, et du conseiller François Aimerot, qui n'avait pu traverser les lignes des gens d'armes qui encombraient le pays.

A la veille des troubles qui allaient désoler la Bretagne, les vieilles illustrations parlementaires disparaissent; au commencement de ce semestre, la cour procédait à la réception d'Isaac Loysel, le successeur de Noël Dufaïl ; au milieu du même semestre, le 24 octobre, elle enterrait le président de Lesrat, et le 21 janvier 1587, le premier président, René de Bourgneuf.

Messire Claude de Faucon, le nouveau premier président, fut installé le 27 avril.

A l'une des premières séances du semestre d'août 1587, Mercœur parut en personne à la cour. Il dit « qu'ayant eu commandement du Roi de joindre son armée avec toutes les forces dont il peut disposer, il n'a pas voulu partir sans saluer la compagnie et lui offrir tout service qui dépend de lui, et de l'autorité que le Roy lui a donnée ; — qu'il sait qu'il y en a plusieurs de cette province qui ont mauvaise intention pour le service du Roy, encore qu'ils se dissimulent sous ombre qu'ils ont fait quelque profession de foi ; — occasion qu'il prie ladite cour de faire étroitement garder, entretenir et observer l'édit de Réunion et tenir la main aux juges inférieurs pour l'exécution d'iceluy.»

Le président Pierre Brulon, lui répondit par une déclaration d'adhésion absolue.

Ce fut là l'attitude que garda, dans ces temps difficiles, l'immense majorité des magistrats du Parlement breton. Egalement hostiles au huguenotisme et à la Ligue, catholiques et royalistes, les parlementaires furent tour à tour, et quelquefois simultanément, en butte aux violences de tous les partis.

La Hunaudaye, lieutenant général, royaliste fidèle et bon catholique, vient, le 1er octobre, se plaindre de ce que le Parlement a envoyé des commissaires à Antrain, où, comme à Montfort, les troupes avaient commis de grands désordres. Le sieur de la Hunaudaye maintient que c'est un empiétement sur son autorité militaire ; que c'etait renouveler les conflits qui avaient déjà dû être soulevés, lorsque la cour avait prétendu donner des ordres à Montbarot sur la garde de cette ville, — et il se retire furieux. Le lendemain, le président Brulon dit à la cour « qu'il avoit parlé avecq le sieur de la Hunaudaye, lequel il n'avoit trouvé en telle humeur qu'il estoit le jour d'hier, et qu'il ne vouloit entreprendre contre l'autorité de la dite cour, ne faire chose qui dépendroit de sa charge, sans prendre l'advis et conseil d'icelle ; et au regard du faict particulier, qu'il trouve bon que les commissaires députés par la dite cour, informent de ce qui s'est passé dans la ville d'Antrain, mais qu'il désire assister à la délibération qui sera faite sur les dites informations. »

L'affaire de Montbarot, remontait au 14 septembre 1587. Montbarot était un huguenot, dont les royalistes se défièrent toujours et à bon droit ; il était aux prises avec le célèbre Bertrand d'Argentré, sénéchal de Rennes et ligueur convaincu, et avait refusé de se rencontrer avec lui à une réunion générale de la communauté de ville, où étaient convoqués l'évêque de Rennes, le chapitre, l'abbé de Saint-Melaine, l'abesse de Saint-Georges, le Sénéchal, l'alloué, le lieutenant et le procureur du Roi de Rennes, pour pourvoir à la sécurité de la ville.

La cour dit à Montbarot que, dans les circonstances présentes, « elle luy faisoit injonction et commandement de se comporter en toute douceur et avoir bonne intelligence avec le Sénéchal dudit lieu ; et luy est dit mettre en oubli perpétuel toutes dissentions et différents qu'ils ont eu ensemble au passé, à faute de quoi faire, la dite cour y pourvoiroit. » — La même recommandation fut faite à d'Argentré, mandé également à la barre, après que Montbarot s'en fut retiré.

Au milieu des conflits politiques, la maladie contagieuse se propageait dans la ville ; le 1er mai 1588, la cour choisit pour son médecin, parmi plusieurs concurrents, le sieur Roch Le Baillif, auquel quelques petits écrits, dont la rareté fait le principal mérite, ont créé parmi les érudits et les curieux une véritable célébrité.

Joachim Descartes, n'était pas encore marié à cette

époque. Cela donna lieu, en cette première séance de 1588, à un incident que je veux relever. Un plaideur recusa le président Barrin, parce qu'il était notoire que le président avait promis sa fille en mariage à Mᵉ Joachim Descartes, qu'il eut semblablement recusé, s'il avait fait partie de la séance de février. Le président Barrin répondit que c'était une illusion, et que Mᵉ Descartes ne faisait aucune recherche de sa fille. Je crois qu'il disait vrai, puisque à quelques mois de là, Joachim Descartes se mariait en Poitou, comme nous le dirons au chapitre suivant.

Le commencement du semestre d'août 1588, fut marqué par les conflits entre le premier président Faucon de Ris, qui prétendait avoir droit de présider dans les deux séances, et Pierre Brulon, qui maintenait que si le premier président avait droit d'entrer à toutes les séances, il ne devait pas présider à celle d'août, confiée de droit au plus ancien des présidents à mortier. La cour sembla donner raison au président Brulon, qui déjà, en 1570, avait fait triompher son droit contre la prétention du premier président de Cucé ; mais le premier président de Ris, auquel le Parlement avait fait une assez aigre réception, déclara qu'il se pourvoirait vers le Roi, qui, en définitive, donna raison au premier président, et déclara que sa charge lui donnait le droit de présider aux deux séances.

Le 28 août 1588, le Parlement enregistra le célèbre édit d'Union du mois de juillet. Descartes, ce jour-là même, ou plutôt le mercredi 30 août, après une messe d'actions de grâces, prêta, avec les présidents et autres conseillers, le serment dont les régistres de la cour nous ont conservé la formule, que je crois inédite :

« Nous soussignés, présidents, maîtres des requêtes, conseillers, avocats et procureurs généraux du Roy, jurons et promettons devant Dieu, et en la court ès mains de vous, monsieur le président, vivre et mourir en la religion catholique, apostolique et romaine, et garder et observer le contenu en l'édict d'Union du mois de juillet dernier, et iceluy faire garder et observer de tout notre pouvoir, sans y contrevenir. »

Ce serment prêté ce jour-là même par le président Carpentier, qui passa à la Ligue, et par Aymar Hennequin, évêque de Rennes, qui fut aussi un ardent ligueur, fut prêté, huit jours après, par le premier président de Faucon et par le duc de Mercœur, qui exhorta la cour à faire religieusement observer ce serment, parce « qu'il couroit un bruit qu'aucuns n'avoient agréable le dict édict. »

Le cardinal de Lenoncourt prêta le même serment le 5 septembre. Il était venu en Bretagne, comme légat du Pape, pour la réformation des églises et monastères.

Le 23 septembre, le lieutenant général de la Hunaudaye, fit des réserves en signant la formule du serment à l'édit d'Union. Le Parlement, dont il était membre de droit, le manda à sa barre. Il dit qu'il avait « juré et signé le dict édict avecq protestation de le garder, puisqu'il avoit plu au Roy le commander, et de le garder et observer, faire garder et observer, et entretenir tant qu'il plaira au dit seigneur le faire garder, et a supplié la cour de lui en souvenir et de faire reporter au registre sa dite protestation, et, en cas qu'elle en feroit difficulté, qu'il en écriroit au Roy. — La cour, toutes chambres assemblées, arrête que le sieur de la Hunaudaye se départira des dires et protestations par luy faictes, lesquels la cour ne peut et ne doibt recevoir, ni reporter autrement, et à faulte de ce faire, il y sera pourvu ainsi qu'il apartiendra. »

Le 26 septembre, le duc de Mercœur étant présent, Messire Pierre Brulon, président, « a mis, par devant la cour une lettre missive que lui a escripte le sieur de la Hunaudaye, en date du 25 de ce mois, dont la superscription contient: Monsieur, Monsieur de la Musse, conseiller du Roy, en son privé Conseil d'Etat et président en sa cour du Parlement de Bretagne; et soubsignée : vostre plus humble cousin à vous faire service De la Hunaudaye; laquelle lettre a été lue à la dite cour, contenant entre autres choses qu'il déclare jurer purement et simplement l'édict du moys de juillet dernier. Et, sur ce délibéré, la grand'chambre et la tournelle assemblées : arrêté que le dit de la Hunaudaye viendra dans quinzaine en la dite cour, afin de répéter et ratifier la déclaration contenue en sa lettre missive et aussi pour se départir des protestations et déclarations par luy faictes en la dite cour le 23e jour de ce moys, et a été arresté que la dicte lettre missive demeurera au greffe.»

La Hunaudaye renouvela, en effet, son serment et renonça à ses protestations, à l'audience du 10 octobre. Le même jour, la cour, qui s'était déjà prorogée, rendit un arrêt portant levée de tous les gentilshommes, pour se rendre en armes dans le pays de Nantes et se mettre aux ordres du duc de Mercœur. On était à la veille des Etats de Blois et du jour où

Mercœur allait lever l'étendard de la révolte, contre les principes auxquels le Parlement voulait rester fidèle.

La peste, qui avait régné à Rennes pendant tout ce semestre, fit, le 2 octobre, une victime dans les rangs mêmes du Parlement. Le conseiller Hierosme de Montdoré mourut, dans cette nuit, de contagion. La cour n'assista pas à ses obsèques, auxquelles elle pourvut néanmoins ; mais, huit ou dix jours après, elle assista en corps au service qui fut célébré pour le défunt, dans l'église Saint-Georges.

Joachim Descartes quitta Rennes à la fin du semestre, et, à peine revenu dans le Poitou, s'y maria.

II.

Par contrat du 15 janvier 1589, relaté par Baillet, Joachim Descartes épousa Jeanne Brochard, fille du lieutenant général de Poitiers et de Jeanne Sain.

Les Brochard étaient absolument d'origine poitevine. Les Sain étaient, au contraire, je le crois, Tourangeaux et c'est pour cela que trois au moins des enfants de Joachim Descartes, entre autres René, naquirent à la Haye, en Touraine, chez leur grand'mère.

Les Brochard, selon l'abbé Lalanne, qui appuie son dire d'une généalogie remontant au xve siècle, étaient originaires de Chatellerault.

Ils portaient : d'argent, au chevron d'azur, accompagné de trois fraises de gueules, feuilles et tiges de sinople en pal.

Je cite la généalogie relevée par l'abbé Lalanne :

« Jan Brochard, sieur de la Brochardière, marié

à Jeanne Boudy. Il rendit hommage de son fief au seigneur de Piolans, le 22 juin 1438. — A la même époque, on voit figurer Jamin Brochard des Châteliers.

« Plus tard, avant 1480, vivait Julien Brochard, bachelier ès-droits.

« Son fils, Aimé Brochard, conseiller du roi, conservateur des priviléges royaux de l'université de Poitiers, avait épousé Anne de Sauzai, fille de Guillaume, seigneur de Beaurepaire, près Châtellerault. Aimé Brochard mourut avant 1539.

« De ce mariage : — René et Anne.

« René Brochard, sieur des Fontaines, conseiller du roi, lieutenant général en Poitou, marié à Jeanne Sain, autre Châtelleraudaise, fille de Pierre Sain, contrôleur des tailles à Châtelleraud.

« Ils eurent pour fils :

« 1° Claude;

« 2° René, né à la Haye, le 7 mai 1564, qui eut pour parrains Pierre Descartes, le médecin, et Gaspard d'Auvergne.

« 3° Et Jeanne, mariée à Joachim Descartes, mère de René Descartes.

« Une autre branche des Brochard s'est maintenue à Châtelleraud jusqu'au moment de son extinction par les mâles, et de sa fusion par les femmes dans la famille de Prix, à cause du mariage de Marie Brochard avec François de Prix, baron de Planes, et dans celle d'Archangié par l'alliance d'un sieur d'Archangié avec Jeanne Brochard. »

Le semestre qui avait immédiatement suivi le mariage de Joachim Descartes, et dont il ne faisait pas partie, fut très-agité au Parlement de Bretagne.

Au commencement de mars, le premier président,

Claude de Faucon, revenant de Blois avec son gendre, Me Jacques Loysel, conseiller, le successeur de Dufail, avait été fait prisonnier et enlevé par un parti de gens de guerre. Cet enlèvement était le fait du duc de Mercœur, qui s'en défendit avec une hypocrisie sur laquelle personne ne se méprit. Ce n'était pas que le premier président fut personnellement très-sympathique au Parlement ; mais le principe même était en lutte, et à l'audience du 4 mars 1589, le Parlement modifiant la formule du serment prêté quelques mois auparavant, exigea de tous ses membres et des justices inférieures, ce nouveau serment, exclusif toujours du huguenotisme, mais aussi exclusif de la Ligue elle-même, et qu'aucun historien de la Ligue en Bretagne n'a, à notre connaissance, relevé.

« Nous jurons de maintenir la religion catholique, apostolique et romaine, conserver l'autorité du Roy, tenir la province et mesme cette ville en repos et tranquillité, et à ce faire, exposer nos vies, biens et moyens, sans acception de personnes, de quelque qualité qu'ils soient ; ne tenir, ny assister à conseils ou conventicules, favoriser auculnes ligues ou associations contraires à ce que dessus, favoriser directement ou indirectement ceux qui portent les armes contre le Roy, leurs fauteurs ne adhérans. »

L'arrestation du premier président avait été accompagnée ou suivie de celle du sieur de la Roche, et du sieur de Crapado, et de l'assassinat du marquis d'Asserac.

Le 13 mars, une grande émotion s'éleva dans la ville de Rennes ; il y eut même des barricades. Les meneurs déclarèrent que les huguenots les menaçaient, et qu'ils prenaient les armes pour leur sûreté personnelle. Le mouvement était évidemment dirigé contre la Hunaudaye et Montbarot. Le Parlement s'entremit ; on transigea, les clefs des portes furent enlevées à la Hunaudaye, et remises au président Barrin.

Le surlendemain, Mercœur en personne, était à Rennes.

Le 16, il entra à la cour et se plaignit amèrement de ce que la cour eût donné à la Hunaudaye mandat de lever le ban et l'arrière-ban, pouvoir que, seul, il avait dans la province.

Jean Rogier, président, lui dit que la cour pouvait invoquer des précédents, toujours approuvés par le Roi ; que l'enlèvement du président de Ris, et d'un autre conseiller justifiaient une mesure prise d'urgence. Le duc répondit qu'il ne pouvait faire autre chose que d'exprimer ses regrets sur l'enlèvement du premier président, et promettre de faire ce qui dépendrait de lui pour le retrouver et le délivrer. Le président Rogier le remercia et le duc partit, en disant qu'il espérait que sa présence à Rennes mettrait fin à tout.

Au lendemain du départ du Duc, le sénéchal, successeur de d'Argentré, Guy Le Meneust, rendit la ville entière à l'obéissance du Roi.

Mais des bandes d'hommes armés entourent la ville ; quand on les interroge, elles répondent qu'elles sont au duc de Mercœur ; l'une de ces bandes enlève le conseiller Grimaudet ; une autre vole toute l'argenterie de l'église de Vezins ; le conseiller François du Plessix, et d'autres officiers du Roi au présidial, sont arrêtés à Nantes ; les officiers de la Cour des comptes, Miron,

Cornulier, Couturier, sont aussi faits prisonniers. La maison de la Haye, appartenant au président Barrin, est prise par violence et démolie ; Claude d'Argentré, de Becdelièvre, de Launay, Denis Guillaubé, conseillers, vont rejoindre Mercœur, à Nantes, et y organisent, avec Aradon, l'évêque de Vannes et le président Carpentier, le Parlement de la Ligue.

Le 14 mai, le Parlement royaliste enregistra les lettres du Roi qui déclaraient le duc de Mercœur déchu de ses fonctions de gouverneur de Bretagne et faisaient défense à tous de suivre ses enseignes et de l'assister. La Hunaudaye et de Fontaines étaient nommés lieutenants généraux, en attendant la nomination comme gouverneur du prince de Dombes, qui succédait au comte de Soissons, pris au traquenard, dans Châteaugiron.

C'était la guerre civile, guerre triple, il faut le dire, à l'endroit des conseillers du Parlement royaliste. Le président Harpin etait pillé de tous ses meubles, à Fougères ; la Hunaudaye chassait de la ville le président Brulon, et, pour se justifier de cette mesure violente, accusait, au sein même du Parlement, plusieurs conseillers de connivences secrètes avec les ligueurs.

C'était au milieu de cette guerre que l'ouverture du semestre d'août appelait Joachim Descartes. Il ne vint pas, et le 3 août, cette requête fut produite à l'ouverture de l'audience :

« Ont été veues les requêtes présentées à la dicte cour par Mes Jean de Morillon et Jouachim Descartes, conseillers en icelle, par lesquelles ils remonstroient comme il soit notoire à chacun, que les chemins sont de telle sorte occupés par les troupes et gens de guerre rebelles au Roy, que ses serviteurs et mesmes ses conseillers à la cour, ne peuvent se mestre en chemin sans danger très-évident de leurs personnes ; requérans à ce moyen les dits Morillon et Descartes, attendu la distance du pays de Poitou et ceste ville de Rennes, qu'il eust plu à la dicte cour. les tenir pour deument excusés du service qu'ils doivent en la dicte cour pour tout le présent mois d'aoust et jusqu'à ce que les chemins soient plus libres. Et sur ce délibéré, la dicte cour a décerné acte aux dits de Morillon et Descartes de la présentation de leurs requêtes, pour sur icelles estre statué ce que de raison à la fin de la présente séance. »

Le lecteur aura remarqué, à propos de cette requête, l'expression très-caractéristique dans laquelle Joachim Descartes indique le Poitou comme le lieu de sa résidence officielle pendant les vacances du Parlement. Cela coupe évidemment court à la longue polémique soulevée entre les érudits de Tours et ceux de Poitiers sur la patrie du père de René Descartes : il est très-certain que Joachim Descartes, dont nous n'avons pas l'acte de naissance, était un poitevin. J'ai promis de dire plus tard comment Pierre, son fils aîné, né accidentellement en Touraine, se qualifiait aussi de Poitevin.

Morillon arriva à Rennes, pour la séance du samedi 23 septembre. Descartes ne revint pas du tout. Il n'était pas présent à la séance dans laquelle le Parlement affirma à la fois son catholicisme et son royalisme en prêtant serment à Henri IV, à la condition que le Roi se fit catholique. C'était le 12 octobre :

« La cour, toutes chambres assemblées, a arresté que les présidents, conseillers et autres officiers de cette province, gentilshommes et communautés, feront serment de fidélité et obéissance au Roy Henry quatrième, roy de France et de Navarre, à la charge que la religion catholique, apostolique et romaine sera entretenue, de laquelle le dit seigneur Roy sera supplié de faire profession. »

Ce fut l'apogée de la Ligue en Bretagne. Ni le clergé, ni la population, si profondément catholique de la province, ne comprenaient et ne pouvaient comprendre les restrictions si logiques du Parlement à un serment prêté, en réalité, à un roi huguenot. Le prince de Dombes, jeune et peu fait pour les grandes choses, n'était pas d'ailleurs un rival à la taille de Mercœur et de ses lieutenants.

Le 29 décembre, le président Barrin rapporta à la cour le brevet adressé par le roi, que l'on était allé saluer, à Laval :

« Aujourd'hui 16e jour de décembre 1589, le Roy étant en sa ville de Laval, bien informé de la fidélité, sincérité et singulière affection que messieurs les gens tenant sa cour de Parlement de Bretagne ont portées au service du feu Roy, comme ils ont bien continué à l'endroit de Sa Majesté depuis son advénement à la couronne, dont les effets en rendent bons témoignages; a confirmé sa dicte cour de Parlement, en corps, et en particulier tous les officiers d'icelle; sauf, toutefois, ceulx qui se sont rendus aux ennemis et rebelles de Sa Majesté, qui sont demeurés dans les villes rebelles et qui ont esté suspects d'avoir favorisé les rebelles, auxquels Sa Majesté se réserve de pourvoir cy-après, ainsi qu'elle verra l'avoir à faire. »

L'un des articles de l'ordonnance signée du roi et annexée au brevet ci-dessus, autorisait les poursuites commencées par le Parlement de Rennes contre le duc de Mercœur comme criminel de lèse-majesté et ayant participé à l'assassinat du feu roi, « nonobstant la dignité de pair de France, octroyée ci-devant à Mercœur, laquelle est révoquée pour félonie. »

Un autre article, l'article V : « autorise les arrêts rendus contre ceux de ses officiers qui sont à Nantes pour y tenir un Parlement. » L'article VI déclare les offices des présidents et conseillers qui seront convaincus de félonie, supprimés. L'article VII autorise la prolongation des tenues du Parlement.

C'est en vertu de cette ordonnance que le Parlement, après le retour du premier président de Faucon, qui avait été relâché moyennant un forte rançon, rendit contre le Parlement ligueur de Nantes : Messires Carpentier et Dodieu, [présidents ; Mes Adrien Jacquelot, Denis Guillaubé, François de Becdelièvre, Georges d'Aradon, l'évêque de Vannes, ancien conseiller à Rennes et frère des célèbres ligueurs, Allain de Kermeno, Jean Le Levrier, Jacques de Launay, Michel Gazet, Gabriel Bertault, Jean de Langle et Mathurin Drouet, — l'arrêt par lequel ils étaient condamnés à être traînés sur une claie, ayant la corde au cou, « depuis la prison jusqu'à la potence, à icelle pendus et étranglés jusqu'à extinction de vie; — si appréhendés peuvent être, sinon par figure et effigie, — leurs biens, meubles et immeubles, confisqués au Roy. »

Arrêt terrible, qui ne coûta la vie à personne, et qui ne retrancha du Parlement lui-même que le seul président Carpentier.

A la séance du mois d'août 1590, les conseillers bas-bretons, qui avaient été témoins et victimes du siége de Guingamp et du siége de Tréguier, Fleuriot et Kercabin venaient raconter leurs tribulations au Parlement.

Kercabin, dont Fleuriot n'était que l'écho, racontait qu'il avait servi dans la séance d'août 1589 «jusqu'au 12 octobre, qu'il fut par la dite cour député pour, si faire se pouvoit, réduire la Basse-Bretagne au service du Roy. Qu'à la dite délégation, il s'étoit employé avec beaucoup d'incommodités et frais jusques à la fin du mois de novembre, que la ville de Lantreguer fut prise par les ennemis et rebelles de Sa Majesté; d'entre les mains desquels il s'étoit miraculeusement sauvé, ayant perdu tout ce qu'il avoit de meubles, chevaux et armes, et s'étoit retiré en la maison de Mᵉ Jacques de Folvaye, aussi conseiller. Il avoit escrit à la dite cour et au sieur prince de Dombes, un ample discours de tout ce qui s'étoit passé au dit Lantreguer, de quoy la cour, peut être mémorative, puisqu'elle lui avoit escryt avoir reçu ses lettres: que depuis il auroit été fugitif, tantôt en un lieu, tantôt en l'autre, sans oser se tenir en auculne ville, craignant d'être surpris par les ennemis et rebelles, lesquels tiennent la plupart des villes du pays.

— Sur quoy a esté dit au dit Kercabin que la cour n'a jamais faict doubte de sa fidélité et du bon devoir qu'il avoit fait en sa députation, ni autre opinion de luy, que d'un très-bon serviteur du Roy, ainsi qu'il l'a toujours montré par ses actions. »

Je lis dans la généalogie des archives de Piré, que Joachim Descartes, venant « un jour de sa terre à Rennes, fut pris par les ligueurs et mis à rançon.» Ce fut un sort commun à beaucoup de ses collègues qui suivaient le parti du Roi; mais je doute que Descartes en ait été réellement victime, car je trouve ces mésaventures consignées avec minutie dans les régistres secrets; et Descartes, qui met avec raison en relief les dangers du chemin, parle toujours du danger, et jamais de la mésaventure.

Le Parlement avait enregistré les lettres patentes du Roi, du 26 juillet, par lesquelles il était mandé « ne recevoir à l'exercice de leurs fonctions aucuns des conseillers qui ne se sont pas présentés à la séance d'août de l'an dernier, nonobstant toutes excuses qu'ils en ont présentées, desquelles le Roi se réserve la connaissance.»— Cela tombait en plein sur Descartes. Mais il y avait prudemment pourvu.

« Du jeudi 20 septembre, requêtes présentées par Joachim Descartes et Philippe Rouxeau, par lesquelles ils requéroient qu'il leur fut par la dite cour permis l'exercice de leurs offices, vu les arrêts du privé conseil du 9 août dernier, et les lettres du Roy, du 11 septembre 1589, obtenues par ledit Descartes; l'arrêt de la dite cour, du 3 novembre 1589: autres lettres du Roy, obtenues par ledit Rouxeau, du 2 juin dernier; actes d'attestations du sieur de Malicorne et officiers du siége royal de Poitiers establi à Parthenay. Le fait mis en délibération, la dite cour, toutes chambres assemblées, a permis et permet aux dits Descartes et Rouxeau, conseillers, l'exercice de leurs offices et les admet au rôle de la séance. »

Descartes paraît, pour la première fois, à la séance du mercredi 3 octobre.

La fin de cette séance ne fut notoire que par les luttes de plus en plus aigres entre le Parlement et le prince de Dombes, entre l'autorité civile et l'autorité militaire.

Tristes résultats des guerres civiles ! La séance de février 1591 débuta par la continuation des mêmes luttes. Le premier président dénonce Montbarot, le gouverneur huguenot de Rennes, qui a fait son affaire personnelle de la mise en liberté des prisonniers ligueurs, sur la rançon desquels messire de Faucon comptait pour se redimer de la sienne et de celles de son fils et de son gendre. Mais le même premier président trouve une sorte de compensation dans la dénonciation du même Montbarot, qui poursuit de sa haine et accuse d'être ligueur le second président, Pierre Brulon: tant et si bien que, malgré la résistance du Parlement tout entier, et pour faire pièce au second président, de Faucon obtient de nouveau des lettres du Roi, qui lui permettent l'entrée et la présidence des deux séances.

C'était bien l'instant de cette querelle de préséance, à l'heure même où le Parlement, ému de l'état de de la province, écrivait « au Roy (28 mai) pour lui faire entendre l'estat de cette province et les plainctes et doléances que faict journellement le pauvre peuple d'icelle qui vit sous l'obéissance du dict seigneur, pour raison des grands ravaiges, volleryes, rançons, forces, meurtres et violences qu'il souffre et qui sont commis, tant par les gens de guerre qui se disent du party du dit seigneur, que par ceulx qui tiennent le party contraire. »

Descartes fut très-exact à l'ouverture de la séance d'août 1591 ; mais profita de la concession faite à cette époque, de ne point siéger au-delà des trois mois, et pendant les prolongations facultatives des trimestres obligatoires. Cette session offrit, du reste, peu d'intérêt.

Il semble naturel de penser que, pendant le voyage de son mari à Rennes, Jeanne Brochard s'était refugiée en Touraine, à la Haye, chez sa mère, Jeanne Sain. Toujours est-il qu'elle y accoucha de son fils aîné, dont l'acte de baptême est ainsi conçu : *Paroisse Saint-Georges de la Haye*.

« Le sapmedy xixe jor du présent moy et an (octobre 1591), a esté baptisé Pierre, fils de noble Joachim Descartes, conseiller du roy en la court de parlement de Bretaigne, et de demoiselle Jehanne Brochart, sa femme. Ont esté ses parains noble Jacques de Couez et Louys Demarsay, la marraine damoyselle Jehanne Sin.

» *Signé* : P. Pinet, Lois de Marsay, Jacques de
» Couez. Jehanne Sain. »

Le 11 mars 1592, le Parlement recevait comme conseiller Me Alexandre de Faucon (fils du premier président), par la résignation de Me François Grimaudet, —« à la charge que, dans six mois, ledit de Faucon obtiendra lettres d'échange et permutation de séance, autrement la dite cour lui interdit l'entrée en icelle et l'exercice du dit office. »

Le 3 août 1592.—« la cour, toutes chambres assemblées, faisant droit sur la requête présentée à icelle par Me Alexandre de Faucon, tendant à être admis à faire le service en ceste séance au lieu et place de Me Joachim Descartes, attendu l'échange et permutation faits entre eux ; vu autre requête présentée par le dit Descartes par laquelle il requéroit que le dit de Faucon fut admis à faire le dit service; acte de composition et convention fait entre les dits Descartes et de Faucon, du 6 juillet dernier; arrêt de la cour du 11 mars dernier. — La dite cour a reçeu et admis le dict de Faucon à faire le service au lieu et place du dict Descartes en la séance d'aoust. »

Cette mutation donnait à Descartes un congé de quinze mois. Il ne s'en contenta pas, et, le 12 février 1593, avec plusieurs autres conseillers, il présente une requête d'excuses, fondées sans doute sur la difficulté des routes, qui retenait aussi le premier président de Faucon à Angers. La cour reçoit les excuses des divers conseillers pour le temps de leur absence, et, «attendu l'injure du temps», ordonne que les absents ne seront payés de leurs gaiges qu'après que ceux qui ont fait le service auront été satisfaits; qu'en conséquence il sera tenu une double liste des présents et des absents, pour appliquer aux premiers, les finances, qui rentraient aux mains du trésorier de la cour avec des difficultés toujours croissantes.

C'est, je pense, vers cette époque qu'il faut reporter la naissance d'une fille, Jeanne, dont je ne retrouve point l'acte de naissance, et qui se mariant, le 21 avril 1613, comme nous le dirons plus loin, était qualifiée de fille aînée de noble homme maître Joachim Descartes et de défunte Jeanne Brochard.

Les excuses de 1593 furent renouvelées avec le même succès en 1594.

Du 14 février 1594. —« La cour, après avoir veu la requête ce jour présentée à icelle par maistre Jan Irlant et Jouachim Descartes, conseillers, tendant, pour les causes y contenues, estre excusez du service qu'ils doivent en ceste séance, et qu'ils seront employés au rolle des présents pour estre payés de leurs gaiges, comme s'ils avoient actuellement servy: la dicte cour a décerné acte aux dits Irlant et Descartes, conseillers, de la présentation de leur requête et a reçu leurs excuses. »

Descartes était donc absent le 25 février, lorsque la cour se réunit pour les obsèques du président Pierre Brulon, sieur de la Musse, qui avait lutté contre le peu sympathique premier président de Faucon, qui avait été incarcéré et banni par les huguenots de Montbarot, et dont le château avait été incendié par les ligueurs de Mercœur. Descartes se fut, sans aucun doute, associé à l'éloge que le président Jean Rogier fit de son collègue défunt, en répondant à l'invitation des parents et amis du mort qui, suivant l'usage, invitaient la cour a assister aux obsèques :

« Le dict deffunt s'est tellement comporté, dès le temps de sa jeunesse, en l'exercice de ses états et l'administration de la justice, que, non-seulement il a rendu contentement à un chacun, mais aussy en a rapporté grand honneur et entière réputation d'un bon et droict juge; occasion que son deceix ne peut estre que regretté de toutte la province, particulièrement de ceste ville et encore davantage de la dite cour pour l'avoir plus privément cogneu, y ayant esté longtemps l'un des chefs et le plus ancien ; et le bon devoir qu'il y a fait sera un témoignage à la postérité de son zèle, fidélité et intégrité dont la dicte cour honorera à l'advenir la mémoire, comme elle en a faict la preuve au passé, et à ceste fin se trouvera à la dicte heure pour conduire son corps à la dicte église, et assistera à ses obsèques et funérailles pour prier Dieu pour le repos de son âme. »

Olivier du Chatelier, dont Descartes devait plus tard acheter la maison à Rennes, remplaça, comme président, Pierre Brulon.

Du 15 mars. — Nouvelle requête de Jan Irlant et Jouachim Descartes, par laquelle il requèrent être excusez du service qu'ils doivent en cette séance et qu'il fust ordonné qu'ils seroient mis au rôle des présents pour être payés de leurs gaiges, tout ainsy que s'ils avoient actuellement servy : vu certaine information faite à la requête des dits Irlant et Descartes, conseillers, par le lieutenant général d'Anjou, du 8 de ce moys : la dite cour a reçeu les excuses et ordonne qu'ils seroient adjoutés au rôle des présents, pour être payés de leurs gages, après toutefois que les actuellement servans auront été payés. »

Au commencement de l'année 1595, le Roi étant entré à Paris, Descartes entra à Rennes, dès l'ouverture de la séance de février. Cette séance fut toute remplie par les préliminaires de la paix en Bretagne, auxquels le Parlement prit une part active, en exposant au Roi « les calamités et misères », où en était réduite la province.

Le 1ᵉʳ mars, Michel de La Poize, conseiller ligueur, fut rétabli par le Roi dans sa charge ; c'était la fin de la ligue parlementaire.

Descartes se retira à la fin de mars, bien que la séance fut prolongée, comme c'était l'usage depuis les troubles.

A la séance de février 1596, je ne le vois figurer que le 9 mars pour protester, avec les autres conseillers non originaire contre la facilité avec laquelle le Parlement passait désormais sur cette règle fondamentale, et admettait les Bretons à toutes les charges ; je le rencontre encore à l'examen d'un juge criminel de Nantes, le 9 avril ; puis le 7 mai, alors que la cour a ordonné sa surséance, avec la mention traditionnelle qu'elle est facultative, il présente verbalement requête avec deux autres conseillers, et on leur permet de se retirer pour le reste du temps de cette séance.

Joachim Descartes était donc absent lorsque naquit, à La Haye, où sa femme s'était encore réfugiée pendant le séjour de son mari en Bretagne, l'enfant qui devait immortaliser le nom de son père, René Descartes.

« Le mesme jour (1er avril 1596), a esté baptisé René, fils de noble homme Joachim Descartes, conseiller du Roy en son parlement de Bretagne, et de damoyselle Jeanne Brochard. Ses parrains, noble Michel Ferrand, conseiller du Roy et son lieutenant général à Chastellerault, et noble René Brochard, conseiller du Roy, juge magistral à Potyers ; sa marraine dame Jeanne Proust, femme de monsieur Sain, controlleur des tailles pour le Roy à Chastellerault.

» *Ont signé* : FERRAND, RENÉ BROCHARD, JEHANNE PROUST. »

Le prêtre qui fit le baptême se nommait Grisont ou Grison. Michel Ferrand était le frère de Claude Ferrand, mère de Joachim Descartes, et, par conséquent, grand-oncle paternel de l'enfant ; René Brochard qui lui donna son nom, était le frère de sa mère ; Jeanne Proust, femme de M. Sain, était l'aïeule de Jeanne Brochard, et la bisaïeule de l'enfant.

La maison où est né René Descartes était sur l'ancienne paroisse de Notre-Dame. Il fut baptisé à Saint-Georges, parce qu'au moment de sa naissance Notre-Dame servait de temple aux protestants.

Joachim Descartes ne rentra à Rennes que le 28 février 1597, après publication de la trève conclue entre le Roi et le duc de Mercœur. La cour l'excusa encore « pour la misère des temps et sans tirer à conséquence. »

Cette misère des temps était amèrement exposée dans le réquisitoire que, le 8 avril, le procureur général faisait contre les bandits de la Fontenelle. Je cite ce document inédit, parce que Descartes retrouvera encore la Fontenelle parmi les justiciables du Parlement, et que, d'ailleurs, tout ce qui se rattache à cette figure patibulaire porte avec soi son intérêt.

« Le procureur général dit avoir été averti par son substitut en la juridiction de Concq, des pilleries et ravages ordinaires que commettent les gens de guerre des sieurs de la Fontenelle et de Créminec, qui n'observent pas la trève et supension d'armes accordées en ce pays, ains y contrevenant, pillent et ravagent le bestial et bled, prennent prisonniers à rançon, lesquels ils font mourir dans les prisons, et commettent plusieurs exactions sur le peuple. Et que les receveurs du Roy et ceux de la Ligue baillent des brevets aux soldats pour courir les paroisses sous prétexte de poiements de fouages et de tailles. Et que les déportements des gens de guerre sont si violents qu'ils ont dénué de tout le pauvre peuple de l'évêché de Cornouaille, ne leur ayant laissé aucun bestial, tellement que les terres demeurent désertes et sans levées, n'ayant été possible de les ensemencer ; ce qui a causé une telle disette que l'on voit aux villes trois à quatre mille pauvres à la fois, et que les malades et enffants qui n'ont pu se retirer aux villes, sont morts de faim, et leurs corps dévorés des chiens et des loups; et que le dit substitut lui a envoyé un prétendu mandement, du 15 janvier dernier, par lequel il se voit que le sieur de Mercœur impose sur le dit évêché de Cornouaille la somme de 55,050 écus pour le poiement de ses gens de guerre. »

Les registres contemporains constatent que, dans les villes, et à Rennes notamment, la peste joignait ses ravages à ceux de la guerre. Joachim Descartes était encore au milieu de cette contagion, le 2 mai, où nous le voyons procéder à l'examen d'un juge du siége de Quimper. Il eût à peine le temps d'arriver à la Haye pour être le témoin d'un affreux malheur domestique.

René Descartes écrivait à la princesse Palatine :

« Etant né d'une mère qui mourut peu de jours après ma naissance d'un mal de poumon causé par quelques déplaisirs, j'avois hérité d'elle une toux seiche, et une couleur pasle, que j'ai gardée jusques à l'âge de plus de vingt ans, et qui faisoient que tous les médecins qui m'ont vu avant ce temps-là, me condamnoient à mourir jeune. »

René Descartes était dans l'erreur, ce n'était pas au moment de sa propre naissance que sa mère était morte ; elle ne mourut que le 13 mai 1597. Le registre de décès de la paroisse Notre-Dame de la Haye porte :

« Le XIIIe jour de may 1597, sur les sept heures du soir, est deceddée damoiselle Jehanne Brochard, femme et épouse de noble homme Me Joachim Descartes, conseiller du Roy à Rennes, le corps de laquelle a esté enterré en l'église Notre-Dame de ceste ville de Lahaye. »

Et immédiatement après :

« Le XVIe jour de may 1597, est décédé un petit enffant, fils de Monsieur Descartes, enterré en l'église » (1).

Jeanne Sain survécut à sa fille. C'était le dernier lien qui rattachait Descartes à la Haye. Il partagea son séjour entre le Poitou et la Bretagne, où sa charge, son second mariage, et le mariage de ses enfants finirent par l'acclimater tout-à-fait.

L'ouverture de la séance de février 1598 fut marquée par les fêtes qui célébraient l'heureux édit de pacification. La cour assista au *Te Deum*, chanté à la cathédrale, pour remercier Dieu de la réduction du duc de Mercœur en l'obéissance du Roi, et aux processions qui furent faites pour le même objet.

L'arrivée du Roi à Rennes était officiellement annoncée.

Descartes, qui avait écrit, le 17 mars, pour exposer qu'il avait, lors de son voyage en Touraine, perdu son *debentur*, c'est-à-dire la taxe officielle de ses gages, pour la séance de 1597, et obtenu qu'il lui en serait signé un duplicata par le président Harpin, apparaît au Parlement le 1er avril 1598.

Il monta, à son retour, à la grand'chambre, que lui rendaient accessible, après dix ans seulement

(1) Cité par M. l'abbé Chevalier. — Origines Tourangelles de Descartes, in-8. — 1872.

d'exercice, et la mort de nombreux conseillers pendant les années si misérables et si troublées que l'on venait de traverser, et les dispositions spéciales par lesquelles le Parlement de Rennes avait obligé les officiers du Parlement de Nantes de reprendre le rang qu'ils tenaient, sans tenir compte du service fait à la Ligue ; de telle sorte que les officiers reçus à Nantes devaient être de nouveau examinés et ne prendre rang que du jour de leur réception à Rennes.

Les registres secrets nous ont conservé la formule du serment que devaient prêter à nouveau tous les magistrats qui avaient servi la Ligue, soit au Parlement de Nantes, soit dans des siéges subalternes, et aussi la formule de l'avertissement que le président faisait à chacun d'eux :

« Il est retenu que le dit N.... sera avant le serment averti de la faute par lui commise et ne pourra assister cy-après aux délibérations sur le rétablissement des officiers de la cour qui ont exercé à Nantes, ny des aultres officiers qui y ont été receus, ni des lettres patentes octroyées par le Roy sur la réduction d'aucunes villes ou particuliers en son obéissance. »

Venait ensuite le serment des magistrats ligueurs, lesquels devaient : « promettre et jurer d'être bons et fidèles officiers, subjets et serviteurs du Roy; de renoncer à touttes ligues et associations tant dedans que hors ce royaume, et d'advertir le Roy ou ses officiers supérieurs de tout ce qu'ils entendront estre prejudiciable à son service et estat, et generalement se comporter comme bons fidèles officiers, subjets et serviteurs doivent en l'endroit de leur prince et Roy légitime et naturel; et le jour qu'ils se démettront de leur obéissance, ont consenty la confiscation de leurs corps et biens.»

Tous les conseillers de Nantes, sauf le président Carpentier que le Parlement de Rennes refusa, et l'avocat général Toublanc qu'il ajourna, prêtèrent successivement ce serment; puis vinrent les magistrats de Dol, de Fougères, de Dinan et de toutes les villes où la Ligue avait dominé.

Le 8 mai, la cour chambres assemblées arrêta que « le jour que le Roy entrera en cette ville, elle yra en corps et en robes rouges le trouver en l'église cathédrale pour lui faire la révérence.»

Le Roi arriva le lendemain, 9 mai. Le matin une députation de cinq présidents et dix conseillers, dont ne faisait pas partie Descartes, alla trouver le Roi; à trois heures de l'après-midi, tout le Parlement en robes rouges, se rendit à la cathédrale comme il était convenu pour saluer Sa Majesté et lui faire une silencieuse révérence.

Les audiences furent suspendues à cause des fêtes de la Pentecôte et du séjour de Henri IV à Rennes jusqu'au mercredi 13 mai. Ce jour là, et après le départ du Roi, la cour admit à prêter serment l'avocat général Toublanc.

Le jeudi 14 mai la séance fut présidée par le chancelier de France: on y comptait, outre le comte de Brissac, trois conseillers d'état, quatre maîtres des requêtes, Miron, trésorier général, six présidents à mortier et cinquante-deux conseillers, parmi lesquels Joachim Descartes.

« Le chancelier a dit qu'il désiroit entendre de la Cour s'il y avoit quelque chose pour le service du Roy qui se présentât, et en quoi sa présence pourroit servir:

et en son particulier, ayant l'honneur d'être de la compagnie, il offroit s'employer en tout ce qui luy sera possible. — Dont il a été humblement remercié et luy offert tant en général que en particulier le fidéle service de la Cour. »

La Cour procéda ensuite, pardevant le chancelier, à l'enregistrement des lettres royales qui donnaient à César de Vendôme, le gouvernement de Bretagne, au lieu et place de duc de Mercœur son beau-père.

Le Roi parti, et les cérémonies terminées, Joachim Descartes songea aussi à quitter Rennes. Il se fit excuser à l'audience du 22 mai « pour affaires qui lui sont survenues. »

Il revint fidélement dès le premier jour des séances suivantes. Des lettres du Roi avaient modifié la séance d'août, transférée au 1er octobre. La cour s'était refusée à l'enregistrement et à l'exécution de ces lettres, jusqu'à une réunion générale des deux séances, et des députés avaient été envoyés vers le Roi, qui avait repondu que la requête du Parlement lui était agréable, « qu'elle ne seroit inutile à leur donner contentement, mais non sitôt, et qu'avec le temps, il y auroit égard, sans vouloir en être importuné davantage. »

Au milieu de ce bouleversement des séances, Descartes avait repris son siège le 16 août. — Le 23 août, on avait procédé à l'enregistrement de l'édit de Nantes avec cette mention:

« Il est retenu que c'est sans approbation d'autre religion que de la catholique, apostolique et romaine, et que cette clause sera prononcée en l'audience de la cour, non toutefois délivrée ni imprimée avec l'arrêt de la publicité et registrature du dit edit et lettres.»

Le Parlement qui se montrait si résolu contre les

huguenots, n'était pas sans rancunes contre les anciens ligueurs. A la séance d'août 1599, Pierre Carpentier, président du Parlement de la ligue à Nantes, demandait sa réintégration au Parlement de Rennes ; Isaac Loysel, le gendre du premier président de Faucon, qui avait été enlevé et sequestré avec son beau-père, et qui savait que Carpentier n'avait pas été étranger à ce coup de main, s'y opposa et demanda qu'il en fut référé au Roi lui-même, à cause des écrits publiés par Carpentier et notamment du livre intitulé : «*Remontrances faites en la court du Parlement et assemblée des Etats de Bretagne* par M. Carpentier conseiller du Roy et président en la dite court.» — Recueil des harangues prononcées à Nantes et à Vannes. — « La cour arrête que le dit livre seroit présenté au Roy.»

Je voudrais bien qu'il me fut présenté à moi-même ; ce volume étant aujourd'hui dans la première catégorie des *introuvables*.

Je ne sais si j'ai dit plus haut que le Parlement de Rennes avait expédié son greffier civil et son greffier criminel pour aller chercher à Nantes toutes les archives du Parlement ligueur. Ces archives peu complètes, je le crois, en tout cas peu volumineuses, sont conservées à Rennes. Rapprochées des livres de Carpentier, de Biré et des sermons ligueurs, contre lesquels le Parlement royaliste fulmina si souvent, ces documents fourniraient des renseignements très-intéressants sur la Ligue en Bretagne ; et si Dieu me prête vie, je les dépouillerai quelque jour. pour compléter les recherches de M. de Kerdrel sur les Etats de la Ligue.

Le 6 septembre, la cour fit enregistrer les lettres

patentes données à Lyon au mois de juillet 1600 par lesquelles « il est ordonné pour le present et l'avenir que l'année se divisera en deux séances de six mois, l'une commençant au 1er février et l'autre au 1er août. » — Le Parlement fit en ordonnant l'enregistrement, une réserve significative, c'était de désemparer le 22 juillet et le 22 janvier, les gages étant payés comme par le passé et lors des séances de trois mois, fin avril, et fin octobre.

Cela devint la règle du Parlement de Bretagne pendant plus d'un siècle.

Pendant ces deux séances parurent à la cour des conseillers étrangers, M. d'Arezac et M. Brenet du Parlement de Bordeaux. Plus tard, il en vint deux ou trois autres du Parlement de Toulouse. Ces magistrats venaient en Bretagne pour leurs affaires privées et pour rendre hommage à leur robe, la cour les invitait à s'asseoir au moins une fois, dans ses rangs. C'était un usage général, et nous voyons dans *L'Otium semestre*, que Jean de Langle ayant eu à faire un voyage à Bordeaux, fut aussi invité à s'asseoir au Parlement de cette ville. Du reste le Parlement de Bretagne au commencement du XVIIe siècle était plein de noms illustres soit dans le passé soit dans l'avenir. Un Descartes y rencontrait un d'Argentré, un Sévigné, un Montalembert et un Duguesclin.

Au mois de juin, le Parlement eût à s'occuper des dernières suites de la guerre civile. On savait que le Roi avait ordonné la démolition de la forteresse de Douarnenez et de plusieurs autres ; mais les lettres royales n'étaient pas produites.

Cette affaire jette un jour sur le caractère du terrible la Fontenelle, et j'y insiste.

On fit venir le sieur Biet procureur syndic des Etats, qui dit que les lettres du Roi viennent par mer jusqu'à Nantes, de Nantes à Redon, et de Redon à Rennes par bateaux. — Le premier président adressa à Biet une verte réprimande, et lui dit que ce n'était pas le cas d'exposer une pareille commission aux périls de la mer. — Le 30 juin la commission arriva enfin.

« La cour fait comparaître Guy Eder de Fontenelles, prisonnier en la conciergerie de la cour, pour lui faire commendement de rendre l'ile Tristan et la forteresse de Douarnenez. La Fontenelle entré en la cour dit qu'il n'a jamais esté désobéissant au Roy depuis qu'il l'a reçu en sa grâce, et quil continuera en cette résolution toute sa vie ; mais qu'il n'est à présent en estat de rendre la forteresse de Douarnenez, d'autant qu'elle n'est pas en sa puissance, et que depuis qu'il est prisonnier, il n'a vu ni ouy aucune nouvelle certaine de l'estat de ladite place ni de ceux qui y sont. »

« La cour, (dont Descartes faisait partie ce jour là) en présence du maréchal de Brissac, a ordonné et ordonne que ledit Eder fera rendre et remettre la place de Douarnenez entre les mains du comte de Brissac maréchal de France, ou de celui qui sera nommé par le dit marechal, dedans vingt-quatre heures après le commandement qui en sera fait de sa part à ceux qui sont dedans ladite place, du fait desquels ledit Eder demeurera responsable pour estre la dicte place démolie et rasée suivant la volonté du Roy; et à faute au dit Eder de ce faire, qu'il sera procédé tant contre luy que les susdits, comme rebelles et crimminels de lès-majestè. »

On fit rentrer la Fontenelle et on lui lut l'arrêt.

Il répondit : « qu'il donneroit telle preuve que la cour voudroit de luy, et si elle l'envoyoit sur les lieux il fera paroir au péril de sa vie, l'obéissance qu'il doit au Roy : et qu'il croit que ceulx qui sont dedans la place, la rendront à son mendement, s'ils n'ont changé de volonté, et que s'il plait à ladite cour, il leur en escrira, voire même de son sang, si besoin est ; et ne pouvoir aultre chose faire, vu son emprisonnement et l'estat auquel il est à présent, ne luy estant permis de communiquer avec personne. »

La dessus on fit retirer la Fontenelle; et les lettres du Roi et l'arrêt de la cour furent mis aux mains du Maréchal.

Le samedi 8 juillet, la cour jugea qu'il fallait prendre des précautions extraordinaires contre son terrible prisonnier et « MM^e. Bonaventure Frain et Julien Pitouays, huissiers, mandés en la cour, leur a été enjoint d'aller en la conciergerie d'icelle, pour faire bonne et seure garde de la personne de Guy Eder sieur de la Fontenelle, sous peine de la vie; et leur a été permis prendre un ou deux hommes dont ils repondront, pour les assister la nuit à la dite garde ; et enjoint d'advertir le premier huissier et Me Jan le Sire aussi huissier de faire le semblable demain a pareille heure, soubs les mêmes peines. » — L'ordre se renouvella le lundi. — Samedi 16 juillet, « sur ce que le marechal de Brissac a proposé que pour le service du Roy et le bien du pays, il s'étoit résolu de s'acheminer en la ville de Kemper-corentin et Douarnenez, et autres endroits de cette province, pour moyenner et atteindre la démolition et razement du fort du dit Douarnenez, à quoi la presence et autorité d'un des conseillers de la cour est nécessaire, si elle le jugeoit ainsi : le fait mis en délibération, la cour a députté M⁰ Gilles de Sevigné, conseiller, pour assister ledit comte de Brissac audit voyage. »

Vendredi, 21 juillet. — Enregistrement, après des résistances, des lettres patentes données à Lyon, le 9 juillet, par lesquelles « est mandé aux présidents et conseillers de la séance de février de continuer le service du Parlement pendant la séance d'août prochain, s'il ne leur est autrement ordonné par le dit seigneur. » — « Il est retenu que les dictes lettres seront enregistrées sans approbation des clauses insolites portées par icelles. »

La séance d'août ne fut régulièrement rétablie que l'année suivante, et par lettres patentes du 23 janvier 1601.

Il me serait difficile de dire les causes politiques de la suspension de ce semestre en 1600. Le président Carpentier, dont le Parlement n'avait pas voulu le retour, avait cédé sa charge, dès le 28 mars 1600, à M⁰ Nicolas Le Roux, conseiller du Roy, et maître des requêtes ordinaires. Ce n'était donc pas de ce côté que venait l'obstacle.

Les huissiers du Parlement commis à la garde de la Fontenelle, étant sur les dents, — on mande le sénéchal de Rennes « pour lui enjoindre de mettre chaque nuit deux sergents en garde à la maison de la Butte, près le Champ-Jacquet, pour empêcher qu'il ne se fasse quelques rupture et entreprise pour faire évader Guy Eder, sieur de la Fontenelle, prisonnier en la conciergerie de la cour, au derrière de laquelle est située la dite maison ; lesquels sergents demeurent responsables, sur leur vie, de la dite rupture et entreprise, si aucune se fait en la dite maison, et de faire procès verbal d'icelle et la mettre en tel estat qu'il n'en arrive inconvénient, et du tout certifier la cour au premier jour. »

On range les huissiers par paires pour faire, pendant vingt-quatre heures la garde du jour et de la nuit.

Puis l'on fait venir Pierre Godier, geôlier de la conciergerie, pour lui faire défense de laisser communiquer aucune personne avec le dit Eder, et « enjoint d'en faire bonne et seure garde, sur peine de la vie, et pour cet effet, l'enferrer par les mains si besoin est. »

Enfin, La Fontenelle obtint des lettres d'évocation au Conseil du Roi. Le Parlement protesta pour la forme contre les lettres qui soustrayaient à sa juridiction ce criminel célèbre. Puis, rendant le repos aux geôliers et huissiers de Rennes, Guy Eder alla se faire rouer à Paris.

Les années qui suivirent furent sans grand intérêt politique; en dehors de l'expédition monotone des affaires, la cour ne fut émue que des luttes grossières d'insultes et d'outrages soulevées à chaque instant par un certain président aux enquêtes, nommé Laguette, qui était entré au Parlement de par l'autorité du Roi et du chancelier, et malgré l'opposition de la cour. Descartes fut constamment recusé dans toutes ces affaires par le président Laguette, avec lequel il ne sympathisait guère. Je veux cependant extraire des registres secrets la plus violente de ces scènes, pour donner au lecteur une exacte idée des mœurs parlementaires à la fin du XVIe siècle.

Du samedi 21 juillet 1601. — « Maistre Le Levier a

dict qu'estant en la gallerye, Me Pierre de Laguette, conseiller et président aux enquêtes, luy auroit proféré plusieurs atroces injures, l'appelant sot, faux commissaire et concutionnaire, et l'auroit plusieurs fois démenti; et a supplié la cour lui en adjuger réparation, et que Maistre Françoys Busnel, advocat général du Roy, estoit présent, qui en pourroit rapporter à la cour la vérité. Le dict de Laguette mandé, a dit que, le dict Levier l'avoit appelé pédant, sot, concutionnaire, et dementy; requérant luy en estre faict justice. Le dict Busnel advocat général ouy, a dit que le dict de Laguette et Me Marin Brandin conseiller, sortant de la grand'chambre, auroient rencontré en la gallerye le dict Le Levier, auroient dit qu'il estoit cause de beaucoup de désordre et qu'il auroit exécuté un arrêt, dont le dict Brandin estoit vray commissaire, et le dict Levier faux commissaire. A quoi le dict Levier auroit répondu qu'il avoit mieulx faict que le dict de Laguette, qui avoit donné un bel arrêt. Et le dict de Laguette dict qu'il n'avoit pas esté réprimé en son estat, comme le dit Levier, contre lequel on avoit présenté requête à la cour pour une concussion de quarante-neuf écus, faicte par le dict Le Levier, sur les pauvres de l'hospital de Redon. Sur lesquels propos ils s'étoient proféré plusieurs injures et donné les démentis, et en fussent venus aux mains sans qu'ils furent séparés par aucuns conseillers qui estoient présents, et par le dict avocat général; ce qui s'étoit passé avec beaucoup de scandale contre leur profession, et la déscense du lieu. Ayant ouy plusieurs reproches qu'ils se faisoient de choses illicites et réprouvées, et beaucoup de faultes et mal versations que quelques conseillers présents confirmoient avoir esté commises par le dict de Laguette en l'exercice de son état, entre autres qu'il avoit prins une partie des espices d'un proceix rapporté par M° Guillaume de la Noue, conseiller, pour sa vacation d'avoir attendu après l'heure accoutumée pour parachever le dict proceix. Ce que le dict de la Noue avoit dict estre véritable en présence des dicts conseillers, et que le dict de Laguette avoit prins dix escus pour donner un arrest. Ce qui luy auroit esté aussy maintenu par le dict Le Levier, et que, contre ce qui avoit esté oppiné et arresté en la dicte chambre des enquestes et en sa présence, il auroit fait voir en son logeix un proceix par petits commissaires. Lesquelles choses estant même témoignées par aucuns des dicts conseillers, il auroit estimé estre du deu de sa charge de requérir commission pour en informer. A dict, encore, que, pour la concution de quarante-neuf escus alléguée par le dict de Laguette contre le dict Le Levier, il a, ce jour, avec le procureur général du Roy, veu au parquet l'incident pour les pauvres de Redon, où ils n'avoient trouvé que le dict Le Levier eut pris plus grand sallaire que l'ordonnance permet, qui estoit de seize escus pour quatre jours. Oultre que, par issue de sa commission, le dict Le Levier auroit decouvert une injuste retension de plus de deux mille escus que l'on faisoit aux dits pauvres. Et néanlmoins a persisté à ce que la dicte commission luy fust donnée, pour éclaircir la cour de la vérité... Etant sorti et rentré de nouveau le même avocat général persistant dans son requisitoire, il a ajouté qu'il venoit d'apprendre d'un des conseillers que ledit de Laguette auroit retenu deux pièces de tapisserie de plus grand nombre qui lui avoient esté baillées et qu'on disoit appartenir au sieur de Chateauneuf et qu'il y avoit eu quelques rumeurs et difficultés pour lesdites tapisseries. Et que ledit de Laguette avoit porté des arrets de ladite cour à sa maison en la ville d'Angers pour les voir, et néanmoins qu'il se rapportoit que l'arret auroit esté prononcé à la barre de ladite cour, et une infinité d'autres indécences, dont on murmuroit contre ledit de Laguette, requerant ladite commission pour informer » — La cour, toutes chambres assemblées, donne la commission d'informer, « commet maitres Gabriel de Blavon et Jan Huby, conseillers et en leur absences les deux plus anciens de la presente séance, pour ladite information faite estre representée à la prochaine séance de fevrier, pour y être fait droict. »

L'arrêt rendu le 1er mars 1602 porte « que lesdits Le Levier et Laguette seront advertis de leur devoir et de garder les ordonnances, arrêts et réglements de la cour, et en ce qui est des requêtes par eux présentées afin de réparations, ordonne, qu'ils se reconnaitront non notés des injures qu'ils se sont dites et proférées, et de se comporter avec le respect séant à la dignité de leurs estats, et ce fait la cour leur a permis et permet l'exercice de leurs dits estats. » C'était une grande bienveillance. Dès le 22 mars, Laguette recommençait, et faisait un tel tapage que la grand chambre en était reduite à se lever et à interrompre la séance. Mais je ne dois pas m'attarder en ces épisodes ; et je quitte momentanément le Parlement pour pénétrer dans l'intérieur de la famille Descartes.

III

Joachim Descartes s'était remarié. Je n'ai pas la date précise de ce second mariage ; la reception sans dispense d'âge de Joachim II Descartes, fils ainé, comme conseiller, le 10 juillet 1627, le fait remonter à la fin de 1599 ou au commencement de 1600 ; puisque, à cette époque, un conseiller ne pouvait être reçu que dans sa vingt-septième année.

La seconde femme de Joachim Ier était Anne Morin, fille du premier president de la Cour des comptes de Bretagne, et de demoiselle Françoise Rhuys. Ces Rhuys, d'origine espagnole, étaient grandement apparentés dans le Parlement de Bretagne. Jeanne Rhuys était femme du president Jacques Barrin ; une de leurs filles avait épousé le president Fouquet et l'autre le conseiller Jean d'Elbène ; leur fils André Barrin, conseiller, était marié à Renée de Bourgneuf, fille du premier president de ce nom.

Le père d'Anne Morin, Jean Morin, après avoir été avocat du Roi au Présidial de Nantes, était devenu président de la Cour des comptes par la résignation de Marc de Fortia, et prêta serment le 9 mars 1574. Il résigna en 1584, et eut pour successeur Jean Avril. Il fut député vers le Roi par sa compagnie, pour les questions de compétence contre le Parlement, en 1581 et 1582, et s'acquit une très grande estime dans ces missions délicates. On trouvera de lui, parmi les liminaires de l'*Otium semestre* de Jean de Langle, une assez longue et fort érudite épitre en prose, et une pièce de vers. Je crois qu'il était mort avant le mariage de sa fille avec Joachim Descartes. Anne Morin avait trois frères, qui moururent sans postérité, savoir André Morin, seigneur du Bois de Tréhans, qui était pourvu de l'office de lieutenant de Nantes ; Ollivier Morin, dont j'ignore les fonctions, s'il en a remplies, et Jean Morin, l'ainé, sieur de Chavagne, sénéchal à Vannes, qui figurait comme témoin au baptême de son neveu à la mode de Bretagne, Jean, fils de Christophe Fouquet et d'Isabelle Barrin, le 2 octobre 1600.

J'ai dit que je n'avais pas retrouvé l'acte de naissance de Joachim II Descartes ; le second fils de Joachim I Descartes et d'Anne Morin, nacquit en la paroisse d'Oiré, prés de Chatellerault, où son père possédait la terre d'Orgère.

« Le neufviesme jour de novembre mil six cents quatre, fut baptisé en l'église de céans Claude, fils de noble Joachim Descartes, conseiller du Roy en sa court de Parlement de Bretaigne, et de demoiselle Anne Morin, sa femme ; et furent parreins Jean Desmons, escuier, sieur de la Salle, et noble François Ferrand, ses cousins, et sa marreine dame Claude Ferrand, son aïeulle paternelle.

DESCARTES père. Claude FERRAND. François FERRAND. PORCHERIE, p^{ber}. »

Je ne retrouve aucune autre trace de ce Claude Descartes, qui, sans aucun doute, mourut trèsjeune. Il en fut ainsi de François, né à Chavagne, et baptisé à Sucé, en 1609, et dont je ne sais pas autre chose (1).

(1) Joachim Descartes, bien qu'il eut désormais ses attaches

Le dernier enfant issu de ce mariage, fut une fille, baptisée à Rennes, dans la paroisse Saint-Pierre en Saint-Georges, le 25 mai 1611.

— « Anne, fille de noble homme Jouachim Descartes, conseiller du Roy, et damoiselle Anne Morin, fut baptisée le 25 mai 1611 ; la nomma noble Michel Gazel, sieur de la Tour, aussi conseiller, marraine, Jeanne du Ruys, dame du Bois-Geffroy; la baptiza le dit Lignois, sub curé. »

Cet acte de baptême prouve que le père de René Descartes habitait déjà l'hôtel de la rue Corbin, qu'il avait acheté postérieurement à 1607, partie des héritiers de Messire Duchâtelier, président au Parlement, et de M^e d'Elbène, conseiller au même Parlement, et époux, comme nous l'avons dit, de la cousine de madame Descartes, Renée Barrin ; et, pour autres parties, de Pierre Dubois, Guillaume Chauvelière, Michel Durand, Pierre Bazin, Romain Blondeau, demoiselle Bonne de Tissue, etc. Cet hôtel, qui

---

principales en Bretagne, n'abandonna pas le Poitou. M. Lalanne relève le fait suivant :

« Trois ans après, dans l'année 1607, le chapitre de Notre-Dame de Châtelleraud députe MM. Adhumeau et Bion, chanoines, pour se rendre en la maison du sieur Descartes, conseiller du roi, choisi comme arbitre du différend pendant entre ce chapitre et noble homme Pierre Brochard, conseiller de roi et maître des requêtes de son hôtel.

» Le même Joachim Descartes est désigné, en 1622, pour arranger à l'amiable le procès pendant entre Jacques de Messemé, sieur de Charlée, Nicolas de la Chambaudrie, curé de Saint-Romain de Châtelleraud, et le chambrier de Fontgombaud, au sujet des dîmes que les sus-nommés levaient par égale portion dans les paroisses de S.-Hilaire de Mons, Pouthumé et Targé.

existe encore partiellement, fut rebâti par Joachim II Descartes, vers 1648, et comprenait, outre une grande maison d'habitation, des cours, des écuries et un jardin au derrière des bâtiments, et sur la rue des Violiers. C'est aujourd'hui le N° 9 de la rue Corbin.

L'hôtel de Rennes et la terre de Chavagne furent toujours la propriété de la branche aînée des descendants d'Anne Morin, qui les transmirent aux Piré.

Quant aux enfants du premier lit, je manque absolument de détails sur l'éducation de Pierre Descartes, et je ne sais pas le lieu où il fit ses classes.

Il étudia le droit à Poitiers, et voici la mention qui le concerne sur les registres de la faculté : « Noble homme, Monsieur Pierre Descartes, du diocèse de de Poitiers, fut reçu bachelier dans l'un et l'autre droit, le 7, et licencié le 8 du mois d'août 1613 ; il fut reçu avec éloge » (1).

René, dont l'enfance souffreteuse et débile avait été l'objet de tous les soins paternels et des soins d'une excellente nourrice, qui survécut à son nour-

» Ainsi, non-seulement Joachim n'avait pas encore abandonné son pays natal bien longtemps après la mort de sa première femme, mais il y résidait souvent, soit à la campagne, pour assister à la naissance d'un fils issu de son second mariage, soit dans sa maison de ville, où il se rendait utile à ses concitoyens en intervenant comme juge arbitral dans leurs procès. »

(1) Nobilis vir dominus Petrus Descartes, diœcesis Pictaviensis, creatus fuis baccalaureus in utro que jure, die septimâ, et licentiatus in eis dem canonico et civili juribus, die octava mensis Augusti, anno Domini millesimo sexcentesimo decimo tertio. Examinatus ad L. II et t. 55 de *Rebus cred*, et ad cap. antigones *De Pactis* etc. Pure et simpliciter de justitiâ et jure, et laudetur — A Gautier — *Mémoires des Antiquaires de l'Ouest Tom. XXXII p. 78.*

risson, et que le grand philosophe, qui avait toujours été très-reconnaissant pour elle, gratifia d'un legs pieux; René entra à Pâques de l'an 1604, au collége de la Flèche, qui venait d'être fondé, par l'influence de Guillaume Fouquet, contrôleur général des Postes, et dont la famille, comme nous l'avons vu, était alliée aux Descartes. Baillet a conté longuement, trop longuement, peut-être, les années de collége de René Descartes. Il termina ses études classiques au mois d'août 1612 et vint demeurer avec son père, qui résidait à Rennes, ou dans ses terres, et à sa maison de Châtellerault; à Jaille, qu'il acquit en 1617, et enfin à Chavagne, qui était devenue la propriété de sa seconde femme par suite de la mort de Jean Morin et d'André Morin, ses frères, vers 1625.

Pendant que René Descartes était encore écolier, le poignard de Ravaillac frappa à mort Henri IV. — Le cœur du Roi fut solennellement porté à la Flèche, et Baillet indique que, parmi les vers composés en cette circonstance, il y en avait de René Descartes lui-même.

Au Parlement de Bretagne, le régicide fut annoncé par un courrier qui arriva à Rennes le vendredi 31 mai 1610, et ne parla que de la blessure du Roi. Le Parlement ordonna à la milice municipale toutes les mesures propres à parer à toute émotion, la fermeture des portes, et commanda des prières publiques. Le lendemain, le Parlement reçut les lettres closes de Louis XIII, par lesquelles il lui notifiait la mort de son père.

Le Parlement députa deux présidents et quatre conseillers, parmi lesquels ne fut pas compris Descartes.

La mort de Henri IV donna naissance sur tous les

points du territoire, au réveil, ou du moins aux tentatives de réveil de la guerre civile, à peine assoupie par le feu Roi. Le 22 juin 1610, le Parlement donnait commission à Descartes pour faire sortir de Blavet (aujourd'hui Port-Louis) un sieur Beauregard qui s'y fortifiait, et pour faire raser les fortifications déjà commencées par ce chef. Descartes remplit sa mission, dont il était de retour le 5 juillet, et il déposa son rapport le 16, après le service célébré pour Henri IV par le Parlement, à la date du 13 juillet.

René passa à Rennes, dans la maison paternelle, toute l'année 1612, et la quitta pour aller à Paris dans les premiers mois de 1613. Il était absent lorsque le 21 avril 1613, sa sœur Jeanne épousa Pierre Rogier, seigneur du Crevy, en la paroisse de la Chapelle, près Ploërmel. Le mariage fut célébré à Rennes, dans l'église Saint-Germain, par Messire Pierre Radenatz, recteur de cette paroisse. Le contrat, dressé par MM^e. Jean Nazette et François Gicquel, du nombre des cinquante-quatre notaires établis à Rennes, nous apprend que Jeanne Descartes reçut en dot 15,000 livres, savoir : 5,000 livres, suivant l'ordonnance de dernière volonté de Claude Ferrand, mère dudit sieur Descartes, et 10,000 livres pour la part de Jeanne, dans la succession de défunte Jeanne Sain, son aïeule maternelle, Jeanne Brochart, sa mère, et autre Jeanne Brochart, dame d'Archangié, sa tante. Les témoins du mariage, du côté de la jeune femme, furent d'abord Anne Morin, compagne du sieur Descartes, puis les parents et alliés des Morin, Christophe Fouquet, Jean d'Elbene et André Barrin, tous membres du Parlement de Bretagne. Du côté du mari, je ne relève que le président François Rogier, son oncle ou son cousin. Du reste, ces Rogier étaient de par les aînés, de haute famille parlementaire. Le gendre de Descartes était fils de Pierre, puiné de Jean Rogier, procureur général puis président au XVIe siècle. Ce Pierre avait épousé, en 1583, Roberte de Quélénec, dame du Crévy, de laquelle son fils tenait cette belle terre. Notre Pierre Rogier était en outre gouverneur de Malestroit. Il eut de Jeanne Descartes un fils et quatre filles. L'aînée, Anne Rogier, épousa, en 1616, Louis Picaud, seigneur de Quéhéon ; la puinée, Suzanne, fut mariée, 1644, à Guillaume de Lambilly. Le garçon, François Rogier, fut reçu conseiller au Parlement en 1649, et mourut en 1668.

Les deux autres filles furent religieuses aux Ursulines de Ploërmel. 1° Henriette, née en 1615, et baptisée dans l'église de la Chapelle, entra aux Ursulines et prit l'habit en 1629 ; elle fit profession en 1633, sous le nom de sœur Marie de Sainte-Ursule. Elle mourut le 17 février 1688, âgée de 73 ans. — C'était, dit la pieuse circulaire que fit imprimer, le 18 février 1688, l'assistante, Jeanne de la Passion, une femme de beaucoup de sens et de grands talents. — « Trois de nos illustres prélats des plus éclairés de notre France, qui ont succédé l'un à l'autre sur le siége de Saint-Malo, ne faisoient nulle difficulté de dire qu'elle étoit la perle des supérieures. — Elle fut, dès son noviciat, considérée comme une ferme colonne qui devoit soutenir l'édifice de cette communauté naissante. Aussi a-t-elle rempli, plus de 46 ans, la charge de supérieure, zélatrice et dépositaire, avec édification du dedans et du dehors, 20 ans environ en celle de supérieure, et, dans l'intervalle de ses triennaux, dans les autres. » C'était, dans tout le pays de Ploër-

— 56 —

mel, la grande consolatrice des affligés et des pauvres honteux.

2° Hélène, née le 26 octobre 1617, entra au noviciat le 12 juillet 1633 et prit l'habit le 21e jour de novembre 1633. Elle fit profession en 1635, et mourut le 29 novembre 1648.

Ces Rogier, après avoir fourni un évêque du Mans Pierre, nommé en 1712 et mort en 1723, se sont fondus, par le mariage de Louise Rogier (1747) avec Charles-Mathurin du Breil de Rays, dans les du Breil, qui possèdent aujourd'hui le Crevy (1).

Les armes des Rogier se voient encore dans les vitraux de l'église de Ploërmel, ainsi que les portraits de Jean, l'ancien procureur général, avec la date de 1602, et celui de François, le président à mortier, un peu postérieur. Leurs armes sont d'hermines, au grelier de sable suspendu de gueules.

IV.

En l'année 1614, la Bretagne ressentit le contre-coup des troubles que les princes du sang, le maréchal de Bouillon à leur tête, semèrent dans toute la France. Les registres du Parlement, pendant la séance de février, à laquelle prenait part Joachim Descartes, en contiennent divers échos, qui prouvent que le Parlement en corps resta toujours royaliste, et que je

(1) Généalogie communiquée par M. le vicomte du Breil de la Caulnaye.

veux relever ici, comme j'ai relevé les extraits de ces mêmes registres pendant la période de la Ligue.

Du 21 février 1614. — Arrêt créant un comité composé de dix des présidents et conseillers des deux semestres, l'avocat et le procureur général, l'évêque de Rennes, un député du chapitre, deux des officiers du présidial, le procureur syndic des bourgeois, et deux députés de la communauté, pour pourvoir aux affaires urgentes, avec le gouverneur de cette ville ou son lieutenant, « et seront les délibérations de ce comité portées à la cour pour y ordonner ainsi qu'il appartiendra. »

28 février. — Lettres du Roi, apportées par le capitaine Louys, exempt des gardes de la Reine, qui portent interdiction d'ouvrir aucune place de Bretagne au duc de Vendôme.

3 mars. — « La cour, avertie que le sieur de la Gabtière (1) est au parquet des huissiers avec un paquet de lettres du duc de Vendôme, adressées à la cour, ordonne que ce paquet, sans être ouvert, sera, par Messires Paul Hay et Potier, présidents, porté à Paris et représenté, non décacheté, au Roy et à la Reine régente. » — La cour, par un second arrêt, « fait défense aux procureurs syndics, officiers des villes et communautés de cette province, de ne présenter ni lire à leurs assemblées et communautés d'autres lettres que celles du Roy et de la Reine régente, sa mère ; et au cas, qu'il leur en soit présenté, ou qu'ils en aient reçu avant la signification du présent arrêt, leur

---

(1) La Gabtière, en Saint-Brieuc de Mauron, était aux Troussier.

ordonne de les envoyer diligemment au greffe de la cour pour être promptement renvoyées au Roy. »

Au commencement de mars, on apprend que Aradon et Camors fortifient Vannes et Hennebont et font des assemblées d'hommes armés dans les campagnes, notamment à Pluvigner. Interdiction sous peine d'être condamné pour lèze-majesté. — 7 mars, même défense pour Blavet avec ordre de démolir les dites fortifications sous huitaine. 11 mars, Louys huissier de la cour chargé de la notification (plus ou moins dangereuse) de ces deux arrêts. — 12 mars. Nouvelles sommations à Camors, qui convoque les maçons et charpentiers pour travailler aux fortifications de Blavet sous prétexte d'ordres du roi. — Ordre à la maréchaussée de courir sus aux gens de guerre qui seraient dans Blavet, de les en faire sortir et de les tuer, s'il le faut : arrêt devant être publié dans toutes les paroisses du ressort d'Hennebont.

On donne à l'huissier Louys, cent livres pour ses frais de route. Ils étaient bien gagnés.

Le 13 mars, Ecuyer Emmanuel le Roux sieur des Aubiers apporte un paquet de lettres de M. le Prince, adressées à la cour; ce paquet est décacheté. La cour ordonne de le cacheter sans le lire et l'envoie au Roi, en disant à des Aubiers, comme elle l'avait dit à la Gabtière, de se rendre près du Roi pour avoir la réponse.

Chaque jour apportait un fait de même nature, et Descartes fut fréquemment élu rapporteur et commissaire. Au commencement de juin notamment, il fut chargé avec le président Hay d'aller à Paris pour faire au Roi des remontrances, à propos de l'arrestation d'un sieur Quatrevaux, se disant huissier du conseil d'Etat, que le procureur général voulait faire pendre immédiatement, et que le Parlement avait envoyé à la conciergerie jusqu'à nouvel ordre. Descartes, le président Hay, et Jean Boterel leur compagnon, étaient revenus le 14 juillet et rendaient compte de leur mission, qui aboutit à constater la réalité du mandat donné par le conseil d'Etat à l'huissier Quatrevaux. Aussi bien le même jour, 14 juillet, étaient signées les lettres du Roi qui remettaient en possession de son gouvernement de Bretagne le duc de Vendôme, et ôtaient tout pretexte aux troubles qui menaçaient la province. Le marquis de Cœuvres, (1) qui plus-tard fut aussi rebelle, était dans notre pays l'agent de la pacification ; ce qui n'empêchait pas Camors et d'autres chefs de ravager la Haute Bretagne et de pousser jusqu'à Bruz, aux portes de Rennes. — 21 juillet. Devenu majeur et ayant épousé Anne d'Autriche, le Roi conclut avec Condé la paix de Loudun,

L'année 1615 fut relativement calme ; mais au commencement de 1616, malgré la trève que le duc de Vendôme ne respectait guère, on levait des troupes en son nom. Des pamphlets circulaient, malgré la défense du Parlement, qui rendit le 8 février un arrêt pour défendre à Tite Horan, son imprimeur, « de publier aucune chose touchant le service du Roy et du public, sans permission de la cour, sous peine de punition corporelle. » A la fin de ce même semestre la cour était saisie d'un incident à propos d'un procès de presse intenté à un sieur Baptiste Chevalier, de la Religion reformée, qui avait été saisi dans le ressort

---

(1) François Annibal d'Estrées, frère de Gabrielle.

de Morlaix, colportant certains libelles et *Rithmes* (sic) contre l'honneur du Roi.

La cour recevait chaque jour des émissaires secrets de la part du Roi, pour lui faire connaitre les démarches du duc de Vendôme qui s'acheminait vers la province, et pour lui enjoindre de garder soigneusement les villes et les places fortes sous les ordres du maréchal de Brissac; mais sans aucune mesure publique contraire à la suspension d'armes. Les capitaines du parti du duc de Vendôme en profitaient pour lever des gens de guerre ; la cour fulmina le 12 fevrier un arrêt contre Guillaume de Combourg, dit Vauguerin, et le 8 mars un autre arrêt, contre LaSalle Bourdonnais qui retenait en son vaisseau, dans les eaux de Guérande et du Croizic, un huissier nommé François du Nay. Dans la ville de Nantes même un personnage notable, Prigent de Langle sieur de Chatillon fut assassiné. Les délations ne manquaient pas. J'en cite un exemple, 15 mars 1616. « L'avocat général dit que quelques particuliers, mal affectionnés au service du Roy, bien de la province et autorité du Parlement, et entre autre Roch Lezot, ci-devant député par devant Sa Majesté pour la communauté de cette ville, lui auroient tenu et à la Reine sa mère et au conseil, des propos scandaleux, blamant l'état général de la province et de cette ville, et au préjudice de l'honneur de ladite cour, du général et particuliers d'icelle, contre l'union, et correspondance au service du Roy, qui toujours a été ferme et constante — Le comte de Brissac dit de son côté avoir eu advis d'aucuns de grande qualité qui sont près de Leurs Majestés, des mauvais langages du dit Lezot, qui avoit en leur présence blamé l'état de la province en général, et les comportements de la cour, l'accusant de partialité et de peu d'union et affection au service du Roy; et encore le jour d'hier il avoit persévéré en ces paroles d'insolences en la présence de Messire René Le Meneust président, du dit comte de Brissac et de plusieurs autres. — Le sieur Lezot mandé à la cour, répondit qu'ayant été oui au conseil du Roy, en présence de Leurs Majestés sur le sujet de sa députation, il auroit obtenu main levée des deniers communs de la communauté de ceste ville, et heureusement négocié ce qui lui avoit été baillé en charge, déniant par serment avoir tenu aucun langage au préjudice de l'honneur du Parlement, duquel il est très-humble serviteur, l'ayant toujours recognu très-fidèle et affectionné au service du Roy, voire le principal rempart et appuy de ce qui regarde l'autorité de LL. Majestés et l'obéissance de leurs sujets en cette province; se soumettant non-seulement à la perte de la vie, mais au supplice de la roue même, s'il se trouve qu'il ait jamais parlé contre ceste vérité; et en veult pour tous témoins croire le Roi, la Reine sa mère et monsieur le chancelier, suppliant la cour n'ajouter foi aux paroles de ses ennemis. — La cour députa M⁰ Dominique Cotereau conseiller, pour aller à Paris, présenter les lettres et assurer Leurs Majestés de l'affection et dévotion de la cour, inviolable union et consentement universel de tous les officiers d'icelle à leur service, et supplier Sa Majesté avoir agréable qu'il soit fait justice de ceux qui auroient avancé quelque langage contre l'honneur et fidélité des dits officiers, et leur représenter l'état de cette province, afin de pourvoir à la conservation d'icelle et soulagement de leur sujets. »

Le Parlement avait, le 26 mars, formulé un long et sévère arrêt de lèze-majesté contre les gens de guerre qui, sous le couvert du duc de Vendôme, étaient introduits en Bretagne par d'Allègre, Saint-Denis, Maillot, Pierre Pont, et contre ceux qu'avaient réunis, en Bretagne même, à Guémené Penfao, La Roche-Giffart, Camors, de Charnacé, la Barre, Chivré et autres chefs de partisans; mais elle dut surseoir à l'exécution de cet arrêt, parce qu'elle apprit le même jour, par le sieur de Commartin, conseiller d'Etat, directement envoyé à sa barre, une nouvelle suspension d'armes.

Au commencement de 1617, le Parlement reçut et enregistra les lettres patentes qui déclaraient désobéissants, rebelles, perturbateurs du repos public et criminels de lèze-majesté, les ducs de Vendôme, de Mayenne, le maréchal de Bouillon, le marquis de Cœuvres et le président Le Jay. Ces lettres patentes étaient contresignées par Richelieu. Quelques mois après, le meurtre de Concini ouvrait à l'évêque de Luçon la carrière où, dès son entrée, son génie devait si profondément modifier la face des affaires publiques.

Pendant ces années, 1616 et 1617, Joachim Descartes, et par son âge et par son talent personnel, prenait la tête du Parlement de Bretagne. Il était rapporteur dans les plus graves et les épineuses affaires. Au commencement de l'année 1618, au lendemain du jour où venait d'être arrêté le grand projet de construire au Parlement de Bretagne, un palais digne de cette illustre compagnie, Descartes y introduisit son fils aîné. Le 2 avril 1618 Pierre Descartes présenta les lettres obtenues par lui le 10 mars précédent, portant provision d'un office de conseiller à la cour, sur la résignation de Louis Gérard, non originaire, lequel avait d'abord traité avec Mᵉ Gabriel Armoise, qui ne se présenta pas et retrocéda son titre à Pierre Descartes.

Gabriel de Blavon, doyen des conseillers, fit l'enquête ordinaire : le candidat tira à l'ouverture du livre la loi première au Code de *Pœna judicis qui male judicabit*, subit avec succès son examen, le 10 avril 1618, et prêta serment le même jour. Il fit partie du même semestre que son père, et alla siéger à la chambre inférieure des enquêtes.

Le 8 mai de cette année 1618, mourut dame Henriette de Kerveno, femme de Messire François Rogier sieur de Villeneuve, président à mortier, et devenu l'allié des Descartes par suite du mariage de Jeanne Descartes avec Pierre Rogier du Crevy. La cour décida, chambres assemblées, qu'elle assistera désormais « aux obsèques des femmes des conseillers qui décèderont en cette ville, toutes les fois qu'elle en sera sémoncée et requise. » Mais cette décision ne fut pas maintenue. Dès l'année suivante, la cour réforma son arrêt et décida qu'elle n'assisterait en corps qu'aux obsèques de la femme de son premier président.

Au commencement de l'année 1619, Joachim Descartes remplaça Gabriel de Blavon, comme membre de la commission pour la construction du palais, et y fut maintenu constamment jusqu'à sa retraite du Parlement. On voit même, par les sommaires du registre secret, qu'il prit à cette grande œuvre une part active et prépondérante. Dès le 25 juin 1619, nous le trouvons commis pour juger un incident entre deux architectes, Jean Bugeaud et Germain Gaultier; en 1620, il était nommé commissaire pour convenir de priseurs et cordeurs chargés d'estimer la maison de Luc Le Duc, lieutenant au siége présidial de Rennes, laquelle maison a été jugée nécessaire pour le bâtiment et construction du palais. — En 1623, — arrêt portant que, « par les commissaires commis de la cour pour voir tout ce qui est faict au bâtiment et construction du palais, il sera faict procès-verbal et plan du bâtiment que les religieux du couvent de Saint-François font faire au proche de l'enclos du palais, et que le contrat faict entre les dits religieux et le procureur syndic des habitants de cette ville sera représenté pour être statué ce qui sera vu appartenir. »

Une autre préoccupation du Parlement était un conflit d'attributions avec la Cour des comptes. Le Parlement, dans les années qui nous occupent, délégua plusieurs fois Descartes à Paris pour présenter au Roi ses observations, en compagnie de Messire Jan de Bourgneuf, premier président, auquel succéda Henri de Bourgneuf, son fils. Il était notamment absent, lorsque le Parlement arrêta d'assister en robes rouges à la *célébrité* de la canonisation de saint Ignace et de saint François Xavier, qui fut solennisée en l'église cathédrale de Rennes, le samedi 22 juillet 1623. Pierre Descartes y représenta la famille, qui, après avoir fait élever René Descartes par les jésuites de la Flèche, continua à confier ses enfants au célèbre institut, et finit par lui donner deux de ses membres, Philippe et René Descartes.

A l'ouverture de la séance de février 1624, Joachim Descartes occupa le rang de doyen de la grand'chambre, après trente-huit années écoulées depuis son entrée au Parlement.

V.

Le 26 septembre de cette même année 1624, Pierre Descartes, conseiller au Parlement de Bretagne, depuis six ans, se maria.

René Descartes, après avoir quitté Rennes, en 1613, avait été, comme je l'ai dit, envoyé par son père à Paris, où il mena d'abord une vie assez dissipée, puis à Poitiers, où il fit son droit et subit avec éloge des examens, le neuf et le dix novembre 1616 (1). Il revint en Bretagne après ces examens, et on trouve sa signature au pied de deux actes de baptêmes, célébrés en l'église de Sucé, en 1617. Dans cette même année, 1617, il s'engagea comme volontaire au service de la Hollande. En 1620, il assista à la bataille de Prague; il suivit ensuite le corps de Buquoy en Hongrie, et renonça au métier des armes en 1622.

Il arriva à Rennes vers le milieu du mois de mars de cette année 1622.

«M. Descartes avoit alors 26 ans achevés, et M. son

---

(1) Nobilis vir dominus Renatus Descartes, diœcesis pictiaviensis creatus fuit baccalaureus in utroque jure, die nona, et licentiatus in eïs dem canonico et civili juribus die decima mensis novembris anno Domini millesimo sexcentesimo decimo sexto; examinatus ad 40 theses de testamentis ordinandis in utroque jure, pure et simpliciter de justitia et jure, et laudetur.— A. de la Bugnie — *Mémoires des antiquaires de l'Ouest* T. XXXIII p. 77 — *Bacon et Descartes étudiants de l'Université de Poitiers par M. Beaussire.*

père prit occasion de sa majorité pour le mettre en possession du bien de sa mère, dont il avoit déjà donné leur part à ses aînés, M. de la Brétallière et Madame du Crevy. Ce bien consistoit en trois fiefs et métairies, savoir : le *Perron*, dont il portoit le nom, la *Grand-Maison* et le *Marchais*, outre une maison dans la ville de Poitiers, outre plusieurs arpens de terre au territoire d'Availles, le tout en Poitou. Il se rendit en Poitou avec le dessein de vendre tout ou partie de ce bien, et d'acheter une charge, et revint à Chavagne pendant les vacances de son père. L'année s'écoula sans que personne dans sa famille pût lui donner de bonnes ouvertures sur le genre de vie qu'il devoit choisir, et il partit pour Paris au commencement du carême de 1623. Il revint à Rennes au commencement de mai de la même année, et se rendit de là à Poitiers et à Châtellerault, où, au mois de juin, il vendit ses métairies à un riche marchand de Châtellerault, par contrat du 5 juin 1623, et sa terre du Perron, dans la même paroisse d'Availles, à M. Abel de Couhé, sieur de Chatillon et de la Tour d'Asnières, le 8 juillet suivant, en retenant le nom de cette terre, conformément au désir de ses parents.» (1)

René Descartes partit ensuite pour l'Italie, où venait de mourir M. Sain, son parent, mari de sa marraine, lequel était devenu commissaire général des vivres pour l'armée des Alpes. Sa marraine lui donna les procurations nécessaires pour liquider cette succession, et Descartes suivait, d'ailleurs, en allant en Italie, un dessein nourri depuis longtemps, ainsi

(1) Baillet.

qu'il le mandait à son frère dans une lettre du 21 mars 1623, citée par Baillet, et qui ne semble pas avoir été publiée.

Il était donc absent de Bretagne quand son frère aîné s'y maria. Baillet nous apprend que le contrat de mariage fut signé le 17 septembre 1624. Les fiançailles eurent lieu le 25 septembre, et les noces le lendemain.

Le registre des mariages de la paroisse d'Elven porte à cette date : « Fiançailles entre Me Pierre Descartes, sieur de la Bretallière, conseiller du Roy au Parlement de Bretagne, de la paroisse de Saint-Jean-Baptiste, en la ville de Chatellerault, diocèse de Poitiers, et demoiselle Marguerite Chohan, dame de Kerleau, demeurant depuis longues années dans la ville de Vannes, paroisse Sainte-Croix, les dites promesses de mariage reçues par le recteur d'Elven, en la salle de la maison de Kerleau, et le lendemain leur fut donnée la bénédiction nuptiale dans la chapelle du dit Kerleau (1) ».

Ainsi que je l'avais dit, on voit ici que Pierre Descartes, né en Touraine, se déclarait Poitevin et domicilié à Chatellerault.

Comment avait-il eu connaissance de la personne et de la famille de la riche héritière d'Elven, et avait-il songé à se marier en pleine Basse-Bretagne ?

Les registres du Parlement nous fournissent à cet égard d'assez curieux renseignements.

Le 18 juillet 1606, était entré comme conseiller au Parlement de Bretagne, sur la résignation de Claude

---

(1) Notes communiquées par M. Rosenweig, archiviste du Morbihan.

Glé, Hiérosme Chohan, sieur de Coatcandec (1), oncle de Marguerite Chohan.

Au mois de juillet 1611, un frère de Hierosme Chohan, Louis Chohan, sieur de Kerambar, eut à la barre du Parlement un procès personnel, dont Joachim Descartes fut le rapporteur. C'est évidemment là la double origine des relations qui devaient amener le mariage de Pierre Descartes avec Marguerite Chohan : non que les relations entre Descartes, le père, et son collègue Hierosme Chohan, fussent toujours sympathiques. Hierosme, d'un caractère violent, qui devait l'amener à une mort tragique, eut de nombreux démêlés avec ses collègues et les chefs de la cour, et l'on voit qu'il recusa toujours, avec ou sans succès, Joachim Descartes. Je veux citer au long une de ces scènes violentes, qui nous font encore saisir au vif les mœurs du temps.

Hierosme Chohan avait traité successivement et de la garde du scel dans le semestre d'août, et d'une permutation de semestre, qui l'inscrivait en février. Le 17 octobre 1614, toutes chambres assemblées, on procède à la révision du rôle des officiers qui prennent taxe, et quelques conseillers sont d'avis que Mᵉ Hierosme Chohan se retire, parce qu'on aura à discuter la validité de sa permutation de séance en qualité de garde scel. Mᵉ Chohan ne se retire point. Messire Isaac Loysel commence le rôle, et, quand il arrive à Chohan, il dit « qu'il y avoit deux personnes en un même estat, sayoir le dit Chohan et Mᵉ Henry de Bourgneuf, ce qui ne devoit estre, vu que le Roy ne fai-

---

(1) Et non *Cockander*, comme l'imprime Baillet.

soit point d'officiers, sans lettres ou sans édits ». Sur ce, le dit Chohan s'est levé de sa place, son bonnet osté et aussitôt remis, adressant la parole au dit Loysel, président, avec émotion, a dit : « Cette affaire ne vous viendra pas ici. J'ay de bonnes lettres. Voulez-vous estre ma partye : je vous y attends », et continuant, a répété par plusieurs fois : « Monsieur, voulez-vous estre ma partie ? je vous y reçois ». A quoi a esté dit au dict Chohan par le dict Loysel, président, qu'il ne devoit pas assister à la délibération, parce qu'il est question de son affaire, et n'estoit purgé d'un décret ordonné contre lui par la cour, pour les sucres (?) de Hennebon. Sur ce, M° Pierre de Trogoff, doyen, étant au bureau, a dict que c'étoit à celuy qui présidoit de faire retirer ceux qui ne devoient assister aux délibérations. Lors, le dict Chohan a dict au dict de Trogoff : « Je ne me retire point, M. le doyen. Voulez-vous être ma partie ? Je ne me retirerai point que je ne sache qui est ma partie. » Alors le dict Loysel a dict au dict Chohan qu'il pensoit encore estre à cheval et faire des pratiques et menées à Vannes contre le service du Roy, là où il estoit au temps du dabté de l'enregistrement des lettres de permutation de son office, au mois de juin dernier. Le dict Chohan, répliquant, a dict : « Je suis aussi homme de bien que vous, et ay fait moins de mal que vous. » Le dit Loysel, président, a dict : « Comme vous parlez ! » Le dit Chohan a répondu : « Monsieur, quand vous parlerez à moy comme devez, je parleray à vous ainsi que je dois. » Et à l'instant, averti par Messire Fouquet, président, s'est retiré. » La cour, très-émue, se retira elle-même.

Le 22 octobre, la cour rendit son arrêt : « A esté

ordonné qu'en la présence du dict Loysel, président, séant en sa place, le dit Chohan seroit mandé, et luy debout derrière le bureau, il sera blâmé de l'irrévérence par luy portée au dit Loysel, président, et de ne s'estre retiré lorsqu'il a entendu que la cour étoit prête à délibérer d'une affaire qui le concernoit, et lui enjoint la cour de porter honneur et respect aux présidents d'icelle et aux conseillers ses anciens. »

Le 21 janvier 1622, la cour apprit que, la veille au soir, Hiérosme Chohan avait été assassiné, près l'église des Jacobins de cette ville. Elle commit d'urgence deux de ses membres pour faire des informations sur ce meurtre audacieux, dont le vrai mobile ne nous apparaît pas. Etait-ce une suite des troubles politiques auxquels Hierosme Chohan n'était peut-être pas demeuré complètement étranger ? Etait-ce une vengeance privée ? Etait-ce une tentative de vol et de pillage ? Cette dernière hypothèse est peu probable, car les héritiers du défunt n'acceptèrent sa succession que sous bénéfice d'inventaire.

Le même jour, la cour donna entrée aux parents et bienveillants, lesquels dirent : « que, le jour d'hier, le dit Chohan fut inhumainement assassiné et meurtri sortant de l'église des Jacobins de cette ville et qu'il sera enterré dans ladite église, à 10 heures du matin. — Messire Isaac Loysel, président, dit que la cour rendroit à la mémoire du dit défunt ce qui justement lui est dû, et assisteroit aux dites obsèques. »

Louis Chohan poursuivit avec zèle la vengeance du meurtre de Hiérosme. Il présenta requête dès le 27 janvier, et l'information commença. Il formula son accusation contre le sieur des Martinays et autres ses complices, le 2 mai, et obtint arrêt, le 9 juin, contre Jan Desprez Martinays, le nommé Le Rat, dit le Porcher, et autres, leurs complices. L'arrêt fut immédiatement exécuté; mais ce qui prouve que la politique pouvait bien être pour quelque chose dans cette affaire, le 7 novembre 1623, le substitut du procureur général prenait des conclusions « sur le fait de la potence, tableau et effigies qui auroient été mises suivant l'arrêt de la cour, donné contre Jan Desprez Martinays et autres ses complices, atteints et convaincus de l'assassinat et meurtre, par eux commis, en la personne de deffunt M⁰ Hiérosme Chohan, vivant, sieur de Coatcandec, conseiller à la cour, au lieu où le dit assassinat fut commis, et dont la dite potence et tableau ont depuis esté ostés. »

Les autres détails manquent aux archives. Quand à la Révolution, on fit un auto-da-fé de tous les arrêts relatifs aux titres nobiliaires que contenaient les archives du Parlement, on incendia en même temps les nombreuses et très-intéressantes paperasses du greffe criminel. Touchant mouvement d'égalité et de fraternité !

Tels furent les rapports de deux des membres de la famille Chohan avec le Parlement, et l'origine première des relations des Descartes avec cette famille. Le mariage de Pierre avec Marguerite Chohan lui donnait le beau manoir de Kerleau, qui, vis-à-vis de la vieille tour féodale d'Elven, fait encore fort bonne figure. Ses descendants en prirent le nom, et nous distinguerons désormais les Descartes de Kerleau et les Descartes de Chavagne, que nous trouverons toujours simultanément assis à la même chambre du Parlement.

VI.

Nous avons maintenant à raconter l'épisode le plus important, à cause du rôle qu'il y joua, de la vie parlementaire de Joachim Descartes, le père de René.

Le 7 février 1626, le duc de Vendôme, qui n'avait pas osé prendre parti avec Soubise, revenant de St-Malo, demanda à saluer la cour. Joachim Descartes et Simon Hay, furent députés à sa rencontre. Le duc fit un discours dans lequel il exposa « qu'il est allé à Saint-Malo, où il a fait équiper nombre de vaisseaux pour envoyer en l'armée navale, près la Rochelle, et iceux mis en état de servir, dont il a donné avis à S. M. qu'il croyoit devoir en être satisfaite. »

Le président Le Meneust lui répondit que la cour louait le soin et la prudente conduite qu'il avait apportée dans cette affaire.

Le duc revint à la cour le 16 avril. Puis, tandis que le Parlement donnait tous ses soins aux mesures hygiéniques à prendre contre la peste qui, depuis trois ou quatre années, n'avait pas cessé de sévir dans les villes, et notamment à Rennes ; il reçut les lettres de cachet données à Blois, le 13 juin, par lesquelles le Roi avisait la cour de l'arrestation du duc de Vendôme et du Grand prieur, ses frères naturels.

Le 5 août 1626, le même Parlement enregistrait la lettre patente du 1er août, qui créait une chambre de justice criminelle, composée de deux présidents du Parlement, trois maîtres des requêtes de l'hôtel, et huit conseillers de l'un et l'autre semestre, sans distinction d'origine, avec le procureur général, un greffier et deux huissiers, pour être procédé au jugement définitif et sans interruption des procès criminels mentionnés dans les dites lettres.

C'était le procès de Chalais.

Descartes, en sa qualité de doyen du Parlement, avait été député avec les présidents Le Meneust et de Marbœuf, et trois autres conseillers, pour aller saluer le Roi à Nantes. Les députés en rapportaient la nouvelle de la nomination du maréchal de Thémines comme gouverneur de Bretagne, à la place du duc de Vendôme, et de la bonne réception que leur avaient faite le Roi et le cardinal ; lorsque parurent, à Rennes, les lettres patentes du 1er août.

Le même jour, 5 août, Descartes faisait procéder à l'enregistrement des lettres qu'il avait obtenues à la date du 10 décembre 1625, et par lesquelles il était autorisé à transmettre à Joachim Descartes, son fils, du second lit, sa charge de conseiller, dans quatre ans de la date des dites lettres.

Cet enregistrement était en quelque sorte son testament parlementaire, au moment où il allait repartir pour Nantes, étant un des commissaires nommés pour le jugement de Chalais.

C'était, je le crois, le premier exemple de cette constitution d'une juridiction exceptionnelle, dont le XVIIe et le XVIIIe siècle abusèrent si souvent en matière politique.

Depuis la mort de Henri IV, les factions de tous les membres de la haute aristocratie en France s'étaient succédé sans interruption. C'était le rôle de Richelieu de mettre fin à cette anarchie sans principes, et sans autre but que la plus misérable ambition personnelle. Le procès de Chalais ne fut qu'un trait; mais il se rattachait à tout le reste. Chalais était non-seulement attaché à la personne même du Roi, étant grand maître de sa garde robe; mais il est incontestable, et cela ressort absolument des lettres nombreuses qu'il écrivit dans sa prison, qu'il avait accepté et rempli pendant bien longtemps le rôle d'espion. L'ambition personnelle, une passion coupable pour Madame de Chevreuse, firent de cet espion un factieux de la pire espèce, et l'on comprend à merveille que Richelieu, dont la vie même était en jeu, que Louis XIII, que l'on projetait de renfermer dans un cloître, n'aient eu aucune pitié pour Henri de Talleyrand, trahi à son tour par le duc d'Orléans lui-même.

L'histoire fantaisiste et le roman ont absolument dénaturé les faits en ce qui concerne le procès; mais les pièces originales, conservées dans la bibliothèque du maréchal de Richelieu, ont été publiées à Londres en 1781, avec peu de soin il est vrai, par Benjamin de la Borde, premier valet de chambre de Louis XV. Il est facile, avec ces documents, de pénétrer jusqu'au fond de cette affaire. Cette étude a été faite, en 1853, par un écrivain dont nous sommes loin de partager toutes les idées, M. Grégoire, et publiée par lui dans la *Revue des provinces de l'Ouest*. Le lecteur trouvera dans ce travail les principaux documents de l'instruction, publiée comme je l'ai dit à Londres en 1781, et assez rare en France. J'ai eu moi-même la bonne fortune de retrouver le recueil de ces documents conservé dans la famille Descartes et comprenant, outre l'instruction faite par le garde des sceaux, Marillac, le rapport, ou au moins les notes principales du rapport fait par Joachim Descartes lui-même. Le manucrit que j'ai sous les yeux, et qui était parvenu, je ne sais comment dans les archives de M. le marquis de Langle, qui a bien voulu me le confier, est de la main d'Eustache de Rosnyvinen de Piré, qui l'a longuement et curieusement annoté, et ne contient pas moins de 54 feuillets grand in-folio. Il porte en tête :

« Joachim Descartes né en 1563 (1), conseiller au Parlement de Bretagne en 1586, mort environ l'an 1640, fut en 1626, étant dès lors doyen du Parlement, un des commissaires nommés par le Roi pour juger le procès criminel de M. de Chalais. Ayant été rapporteur du procès, il en a laissé l'extrait à ses héritiers. Cet extrait tout écrit de sa main, d'une écriture très mauvaise d'elle-même, d'ailleurs dans le goût du XVIe siècle et remplie d'abregés, étant à présent (1737) entre les mains d'Eustache de Rosnyvinen, fils de Louise-Prudence Descartes, son arrière petite fille, il prend la peine de le transcrire. »

Eustache de Piré ajoute plus loin :

« Ce qui avait piqué davantage ma curiosité, c'est que Joachim Descartes mon grand-père, qui avait le dit extrait dans son cabinet, avait toujours et constamment refusé pendant sa vie, de le faire voir à feu mon père, feu mon frère, et à moi. »

La commission se composait de MM. Jean de Bourgneuf de Cucé, premier président du Parlement

---

(1) C'est une évidente erreur de plume. Il faut lire 1553 peut-être ; Descartes avait 27 ans au moins quand il entra au Parlement en 1586.

— 76 —

de Bretagne, Isaac Loysel, doyen des présidents au même Parlement ; puis des membres du conseil d'Etat, Fouquet, père du surintendant, de Machault et Criqueville ; et enfin des conseillers au Parlement : Joachim Descartes, doyen, Hay, du Lys, Peschard, du Halgoët, Huet, d'Andigné. De Martigné et Oudard, désignés comme juges suplémentaires, ne siégèrent pas. La chambre était complétée par Christophe Fouquet, procureur général.

La chambre se réunit le 11 août au couvent des Cordeliers, sous la présidence du garde des sceaux (1). Ce même jour furent remises les pièces de l'instruction, c'est-à-dire les interrogatoires et les lettres de l'accusé, les lettres des agents dans les pays étrangers, les tablettes de Chalais, les dépositions des témoins. C'était à cette même date que Gaston était interrogé en présence du Roi, de la Reine mère, du cardinal, du chancelier et du marquis d'Effiat (2). Le procès-verbal de cet interrogatoire de Gaston, très-compromettant et pour lui et pour Chalais, n'a pas été compris dans les pièces du procès publiées en Angleterre ; il en faisait partie, et l'on verra que Descartes le

---

(1) M. de Piré écrit la note suivante :

« Michel de Marillac était frère de Louis, fait maréchal de France en 1629, et qui eut la tête tranchée en 1632. Tous deux d'une origine et naissance au-dessous de la médiocre. Ils étaient arrière petits fils d'un secrétaire du duc de Bourbon. Il fut surintendant des finances en 1624, garde des sceaux en 1626 jusqu'en 1630, le lendemain de la journée des Dupes, qu'il fut obligé de les rendre, pour être mené prisonnier à Caen et de là à Châteaudun, où il mourut en 1632. »

(2) Note de M. de Piré. — « M. d'Effiat avait nom Antoine Coeffier, et avait quitté son nom pour prendre celui de Ruzé qui ne valait pas mieux, et si ses armes qu'il quitta étaient sortant du moule, celles

vise dans son rapport après l'avoir intégralement copié dans ses pièces justificatives et ses liminaires. Le 12 et le 13 août furent consacrés à la confrontation de l'accusé et des témoins. Chalais, transféré au Bouffay comparut à nouveau, et pour la dernière fois devant ses juges le 18 août. C'est évidemment la veille ou l'avant-veille que Descartes prononça le rapport, dont nous avons les notes, sinon le texte, et qui jette un jour complet sur toute l'instruction qu'il a résumée. A titre d'œuvre personnelle du père de René Descartes, donnant une idée vivante de son esprit, de sa manière et de son talent, ce réquisitoire inédit doit être reproduit par nous.

« Monsieur (1).

» Nous n'avons partie ou accusateur au procès qui est à juger, que le Procureur général du Roy.

» L'accusé est Henry de Talleran de Chalais.

» L'accusation est de crime de lèze-majesté.

» Il fut par commandement du Roy arresté prisonnier le 8 ou 9 de juillet dernier. Vous avez, Monsieur, informé contre luy, et l'avez interrogé par trois diverses fois. Depuis, la chambre ayant reglé son procès à l'extraordinaire, pour luy estre faict par confrontation de témoins, l'arrêt a été exécuté par

---

de Ruzé qu'il prit n'étaient pas de moins nouvelle création. Son grand oncle Martin Ruzé, secrétaire d'Etat, l'avait fait son héritier à cette condition. Il fut fait surintendant des finances en 1626, maréchal de France en 1631, et mourut en 1632. Son fils aîné Martin Ruzé était père de feu M. d'Effiat, premier écuyer de M. le duc d'Orléans, mort sans enfants, et son cadet Henry Ruzé, marquis de Cinq-Mars, fut grand écuyer de France, favori du Roi, et eut la tête tranchée à Lyon en 1642 à l'âge de 22 ans. »

(1) Le garde des sceaux, président.

Monsieur de Cucé, premier, et de Brie, second président en la cour. Etant communiqué au Procureur Général, il y a produit et pris ses conclusions. C'est l'état du procès. Notre forme n'est pas, au rapport d'un procès, de dire les charges. On les fait voir.

» Monsieur, l'accusation est de crime de lèze-majesté. Le seul nom du crime est effroyable. En ce crime, sont compris tous autres, pour ce que pendant les désordres que les factions introduisent en l'Etat, l'espérance d'impunité donne cours à toutes sortes de maux et d'impiétés. Quand il est au premier chef, nos lois et les arrêts des cours souveraines l'ont appelé *parricide;* et certes beaucoup plus détestable que celuy qui est puny par la loy *Pompéia;* pour ce que l'un regarde la personne du père particulier d'un particulier, et l'autre celle du père commun de l'Etat, et par conséquent de tous les particuliers. Or, d'autant que ce crime est plus grand, d'autant plus exactement en doit-on examiner la preuve, affin de ne pas condamner un innocent, et ne pas laisser aussy un crime si abominable impuny; car, ce seroit offenser l'Etat, ou en perdant un bon sujet, ou en conviant par l'espérance d'impunité plusieurs à tomber en pareil crime. C'est ce qui fait dire à un philosophe que le juge qui se montre timide et lent à punir les conjurations et entreprises qui se font contre l'Etat, est coupable comme ceux qui ont commis les crimes. Je parleray donc de la preuve, premièrement en général, puis du particulier et des circonstances.

» On a accoutumé premièrement de s'enquérir et rechercher un fait pertinent. J'entends qu'il soit constant que le crime dont il s'agit ait été commis.

Et après, par qui il a esté commis; s'il l'a esté par plusieurs; si celuy qui est accusé, en est coupable et convaincu.

» Or, en cette accusation, la première partie de la question est superflue. Car, ce crime n'est pas de ceux dont on doive voir l'effet pour le croire. On attendroit trop tard à y apporter le remède. Il faut empêcher le mal et le prévenir, ce qui ne se peut que par la punition des coupables. Ce crime ne consiste pas toujours en effets, qui laissent marques visibles : il consiste en parolles, en machinations, en conseils, en pensées mêmes, qui sont choses qui ne peuvent estre veues, et qu'on ne peut prouver avoir esté, qu'en une mesme preuve on ne fasse voir par qui elles ont esté. Si bien, que les deux questions qu'on recherche séparement aux autres crimes, premièrement : *an sit crimen admissum*, et après : *per quem?* en ce crime icy, quand on n'est pas venu à l'effet, se trouvent jointes.

« Et néanmoins encore pouvons nous dire qu'il est notoire qu'il s'est trouvé une conjuration et faction tendante à la ruine de la France. Je ne m'arrête pas à l'information faitte par le vice-seneschal du Bourbonnais. Elle parle d'une conjuration si atroce, énorme et effroyable, qu'elle est incroyable. Encore qu'elle consiste en quatre témoins, ils ne parlent que du dire d'un seul et qui ne parloit que *de famâ*. Ce seroit trop mal présumer, de croire que nous vissions des Princes et Maréchaux de France arrestés, si Sa Majesté n'avoit eu bonne et certaine cognoissance qu'en son Etat il y eut une conjuration et faction. C'est donc une chose notoire en France : non-seulement en France, mais aussi parmi les estrangers.

Par les lettres des sieurs de Mazay résident en Allemagne et de Vallembourg résident près l'Empereur pour le service du Roy, il se voit que les princes étrangers en avoient cognoissance, avant que nous les sçussions en France. La première du Sr de Mazay du 13 may 1626 le dit expressément. Ces gens sçavoient desja quelque chose de la brouillerie qui se devoit faire en France par le maréchal d'Ornano et quélqu'un plus grand que luy (1). Il rend la raison pourquoy parlant du secours que le Roy pouvoit donner à la ligue protestante, un grand répond : « Il ne luy faut qu'oster une plume de l'aile, il descendra bien bas. »

« Les deux dernières le disent encore plus expressément. Et la cognoissance qu'ils en ont eue, a décrédité les affaires du Roy pour un temps, jusqu'à ce que S. M. y ait apporté le remède. Les lettres du Sr de Vallembourg spécifient plus particulièrement la conjuration. Mais je ne la veux point dire ; elle est incroyable, et n'y peut-on penser sans horreur et

---

(1) Le duc d'Orléans. M. de Piré consacre la note qui suit à d'Ornano. — « Le colonel ou le maréchal d'Ornano, c'est la même chose ; on l'appelait le colonel, parce qu'il l'était des Corses, aussi bien qu'Alphonse son père, et tous deux maréchaux de France ; le père pour ses services militaires, et le fils parce qu'il pouvait beaucoup sur l'esprit de Monsieur, dont il avait été gouverneur. Et alors il était surintendant de sa maison et premier gentilhomme de sa chambre. Le Cardinal en l'honorant du bâton au mois d'avril 1626, voulait par là le mettre dans ses intérêts et l'engager à ne donner à son maître aucuns conseils qui y fussent contraires. Dès le mois de juin suivant, il était prisonnier à Vincennes, et mort le 2 septembre. Il passa pour constant qu'il avait eté empoisonné. On fit parler des médecins et chirurgiens qui dirent des merveilles, mais qui n'empêchèrent pas l'opinion publique. »

exécration. Je ne veux pas croire que le mal soit allé si avant, et Dieu nous garde que la France porte jamais de si horribles monstres! Mais qu'il y ait eu conjuration et faction pour mettre division entre le Roy et Monseigneur, pour soustraire cette plume de l'aile droite de la France, et par ce moyen nous jetter en une guerre civile plus pernicieuse et plus dangereuse qu'aucune de celles dont l'Etat ait encore esté affligé (1) : quand il n'y auroit que la déclaration que Monseigneur a faicte au Roy, en présence de la Reyne sa mère, de vous, Monsieur, de Monsieur le cardinal de Richelieu et de MM. d'Effiat et de Beauclerc, nous n'en pourrions douter. Car, encore qu'elle semble particulière contre le Sr de Chalais qui est notre accusé, elle s'étend au général du fait, pour ce que les conseils et persuasions dont il parle en sa déclaration eussent esté vains, s'il n'eut eu intelligence qu'avec l'accusé. Il y a donc eu conspiration ; reste à sçavoir si l'accusé en est coupable ?

» Or, nous avons contre luy premièrement la déclaration de Monseigneur, la déposition du sieur de

---

(1) « Il ne faut pas s'étonner, écrit M. de Piré, si le rapporteur fait sonner si haut les malheurs dont la France allait être accablée, si la mine n'avait pas été éventée, et la faction arrêtée dès sa source et même prévenue. Il avait vu les guerres de Religion pendant son enfance. Elles étaient plus vives en Poitou qu'ailleurs. *Il était de cette province.* Celles de la Ligue avaient désolé le royaume pendant sa jeunesse. Aujourd'hui nous regardons une guerre civile en France comme une chose presqu'impossible. Dans ce temps-là on ne pensait pas de même. »

Louvigny (1), ses confessions réitérées en ses trois diverses interrogations, et les lettres qu'il a écrites au Roy, à la Reyne mère et à vous, Monsieur. Partout il se confesse coupable.

» Il ne faut pas dire que la déclaration de Monsieur n'est pas signée de luy. Ce n'est pas luy, c'est le Roy lui-même qui déclare ce que Monseigneur luy a reconnu. Il ne faut pas d'autre forme; il n'est besoin de serment; le témoignage du prince est toujours véritable. Il n'est point non plus besoin de confrontation à l'égard du témoignage du prince, contre son sujet, pas plus qu'à l'égard de celuy du père contre le fils. Je scay bien ce qu'on a dit d'Auguste, qu'il permettoit, estant tesmoin, qu'on le reprochast. Mais on a remarqué que ce ne fut qu'au commencement de l'usurpation de l'empire, et qu'estant affermi, il n'en usa point ainsi. En France, où par la grâce de Dieu nos princes sont légitimes, nous avons l'exemple qui se lit du Roy François I, lequel en un procès de crime, baille son témoignage par écrit, sans serment ni confrontation.

---

(1) Note de M. de Piré. « M. de Louvigny est mal nommé Rogier d'Arter (M Grégoire, d'après le volume de Londres, écrit Dasté). Son nom était Grammont, son bisaieul ayant quitté celui d'Avré pour le prendre. Son cinquième aieul ayant épousé l'héritière et vicomtesse d'Aster, les grands pères prenaient la qualité de vicomtes d'Aster. C'est ce qui a fait la méprise, et du reste, il parait bien qu'il prit ce nom lui-même, lorsqu'il fut entendu en témoignage. Il fut tué en duel en Flandre en 1629. Il était frère cadet du maréchal de Grammont et aîné du fameux comte de Grammont qui a laissé des mémoires. Il avait été intime ami de Chalais. Il y avait alors quelques brouilleries entre eux (au sujet de Madame de Chevreuse). Il est étonnant que Chalais n'en dit mot et ne le recusa pas. »

« Pour la déposition du Sⁱ de Louvigny, c'est un témoin entier et non reproché.

» Pour celle du Sⁱ de Lamont (1), la question qu'on pourroit faire, si un geolier est recevable à déposer contre un prisonnier qui seroit en sa garde, est à mon avis hors de propos. Il y a bien différence entre un geolier, et un gentilhomme exempt des gardes du Roy, au quel le Roy a commandé de veiller à la garde du prisonnier. Celuy la n'est présumé luy vouloir ou pouvoir apporter terreur ou crainte, comme un geolier.

» Quant aux confessions portées par les interrogatoires de l'accusé, et les lettres qu'il a escrites, demandant pardon de sa faute, il ne se peut rien dire à l'encontre. Car, de dire qu'on ne considère pas la confession de celui qui se désespère, ou a volonté d'abandonner sa vie ; on ne vient pas aisément à cette présomption qu'un homme désire de mourir. Elle est contre la nature et jamais on ne la présume en un accusé, quand d'ailleurs il y a preuve de crime comme icy, et quand les confessions ont des circonstances apparentes. Mais icy nous ne pouvons dire que *sit perire volens,* car par les premières dépositions des sieurs d'Effiat et commandeur de Valencay (2), on voit qu'il nie. Ils ne sont confrontés. Mais en disant

---

(1) Lamont était le capitaine des gardes chargé spécialement de la personne de Chalais.

(2) Note de M. Piré. « Le commandeur de Valencay s'appelait Achille d'Estampes. Il était homme de condition. Il descendait d'un favori de Jan duc de Berry, frère de Charles V. Il fut général de l'armée de l'Ordre en 1635 et de celle du Pape en 1644, cardinal en 1643, et mourut à Rome en 1646. »

que l'accusé nie le crime, ils ne croyoient faire charge contre luy, parce qu'ils ne pouvoient pas deviner qu'après il dut confesser. Mais laissons là tout ce qui peut être tiré de conséquences des dites dépositions. Par sa première interrogation, il nie, par les deuxième et troisième, il confesse en s'excusant ; par ses lettres et interrogations, il demande pardon et implore sa grâce. Bref, en lisant l'un et l'autre, il se voit que ce n'est pas le *perire volens;* mais celuy qui *maxime timet perire.*

» Je croys donc qu'on peut dire généralement et que la preuve en est au procès, qu'il y a eu conspiration et faction en l'Etat, la quelle la prudence et soin de S. M. ont prévüe et prévenüe et en ont empêché l'effet; et que le sieur de Chalais nostre accusé est coupable d'y avoir participé.

» Voila la preuve en général. L'examinant en particulier : les conférences secrètes et publiques, de jour et de nuit, avec Monsieur et avec Puylaurens et Bois d'Amenet (1) encore qu'il fut averty qu'elles

---

(1) Note de M. de Piré. « Puylorens s'appelait Antoine de l'Aage. Il fut longtemps principal favori de Monsieur, au point qu'après la reconciliation de 1634 entre le Roi et son frère, et le retour de ce dernier dans les Pays-Bas, il fut fait duc d'Aiguillon sous son nom de Puylorens; c'est-à-dire que le Duché d'Aiguillon fut appelé Duché de Puylorens. Etant à Bruxelles avec son maître, et montant le grand escalier du Palais, il reçut un coup de feu, de la part d'un assassin, dont il ne mourut pas. On ne put saisir l'assassin et on n'a jamais bien su qui l'avait fait agir. De retour à Paris en la dite année 1634, il épousa Marguerite Philippe du Cambout, dont la sœur aînée venait d'épouser Bernard de Nogaret la Valette, fils du duc d'Epernon, l'une et l'autre proches parentes du Cardinal. Je ne sache pas qu'il en ait eu d'enfants. Ce qu'il y a de sûr, c'est qu'il

étoient suspectes ; le crédit qu'il avoit près de Monseigneur, le désir qu'il avoit de se défaire de sa charge pour des intrigues qu'il avoit ; les consultations avec astrologues et devins, sont indices et présomptions très grandes. Mais, après la prise de Monsieur le Grand Prieur, en avoir donné avis à M. le comte de Soissons et en pleurant ; et qu'il lui avoit mandé qu'il prist garde de ne venir à la cour ; avoir prié un gentilhomme de n'abandonner pas des princes, arrêtés vraysemblablement pour la même conspiration ; avoir escrit plusieurs lettres au sieur de la Valette à Metz ; sont preuves suffisantes d'avoir participé à une conspiration, non-seulement pour l'avoir sçu et non revelé, mais d'avoir attenté, et s'estre mis en effort de faire réussir la conspiration. Or, tout cela est prouvé par la déposition du sieur de Louvigny. Cette déposition est entière. Il n'est point reproché ; et de plus, à la confrontation, l'accusé confesse tout le contenu en sa déposition véritable.

» Le témoignage que rend le sieur de Lamont, exempt des gardes est des choses que l'accusé a dit et reconnu pendant sa prison, tant en présence de M. le cardinal de Richelieu et de M. le duc de Bellegarde, qu'en leur absence.

» Il confesse donc au dit sieur cardinal qu'il

---

fut bien peu avec sa femme ; car quatre mois après son mariage, et avoir été revêtu de la qualité de duc et pair de France, il fut mis en prison au Bois de Vincennes et y mourut peu après. Il ne serait pas difficile de barbouiller beaucoup de papier sur le compte de Puylorens ; mais pour son camarade Bois Damenets, j'avoue que son nom m'était inconnu et ne l'avais vu, qu'il me souvienne que dans l'extrait du procès ; non plus que l'abbé d'Aubazine. »

sçavoit les conseils qu'on avoit donnés à Monsieur de se retirer à Metz, Sédan ou au Havre, et d'uzer de violence envers M. le cardinal de Richelieu, s'il ne vouloit faire délivrer le colonel d'Ornano; avoir sçu que Monsieur avoit envoyé l'abbé d'Aubazine à M. d'Epernon et luy avoit escrit pour avoir retraite à Metz. Desnie, puis confesse avoir luy même escrit au sieur de la Valette; confesse encore avoir sceu que Monsieur estant à Saumur vouloit se retirer à la Rochelle; que les conseils luy en venoient de Paris; qu'il croit que ce soit des Aulnoys qui les apportoit, étant celuy auquel Monsieur avoit plus de confiance pour les voyages. Il déclare des princes qu'il dit estre de la conjuration, l'autre M. de Longueville qu'il dit en avoir esté, lorsqu'il estoit à Paris, mais ne sçavoir si depuis il a continué; reconnoit avoir escrit à M. le Comte après la prise de MM. de Vendosme et Grand Prieur, pour l'avertir de ne venir à Paris, crainte d'y estre arresté. Il reconnoit avoir sceu que le prince de Piemont estoit de la partie, qu'il promettoit dix mil hommes; que l'Angleterre avoit aussy promis du secours et que la négociation avec l'étranger avoit esté conduite par le colonel d'Ornano. Confesse aussy avoir sceu que Monsieur avait eu desseing de partir de Nantes; avoir dit, à Paris, à Monsieur qu'on vouloit le prendre prisonnier; qu'il avoit faict faulte de laisser mettre des exempts dans Honfleur; que depuis que Monsieur estoit à Nantes, on avoit mis des troupes de cavalerie, pour empêcher sa sortie.

« Les desseings pour empêcher le mariage de Monseigneur avec M{ lle} de Monpensier ; j'ay horreur de le dire, l'espérance de faire épouser la Royne à Monsieur, si Dieu appeloit à luy le Roy. Il est vray qu'il dict ne scavoir cela que par le bruit de la Cour.

« Plus, le conseil d'attenter à la personne de M. le cardinal.

» Je ne scay ce que c'est que le voyage de Fleury. »

Ici s'arrête le rapport de Joachim Descartes. Cette dernière phrase inspire à son arrière petit-fils la réflexion suivante, peu respectueuse dans la forme :

« Joachim Descartes dit qu'il ne sait ce que c'est que le voyage de Fleury. Le bon homme, doyen du Parlement, grand travailleur dans son métier, ne voyait que ce qui paraissait au procès, et était peu informé d'ailleurs de ce qui se passait à la Cour.

» Dans un conseil secret, tenu par neuf personnes de la faction, il fut résolu que Monsieur irait bien accompagné à Fleury, où était le Cardinal, et où il le devait faire assassiner. Chalais, qui était un des neuf, en fit indiscretement confidence au commandeur de Valençay. Celui-ci lui reprocha sa trahison et lui dit qu'étant domestique du Roi, c'était chose affreuse de tremper sa main dans le sang de son ministre; bien plus, qu'il était obligé de l'en avertir, et que s'il ne le faisait, lui-même, Valançay en donnerait avis. Chalais, intimidé, prit son parti. Ils partirent tous deux sur-le-champ, et allèrent trouver le Cardinal à Fleury, qui les remercia de l'avis et les pria d'aller en faire part au Roi. Le Roi envoya soixante gendarmes et chevaux légers à Fleury. La Reine-Mère y dépêcha aussi la noblesse de sa suite. Dès la pointe du jour, les officiers de Monsieur arrivèrent à Fleury, pour y apporter son dîner. Le Cardinal leur céda la maison, partit, vint à Fontainebleau, entra d'abord dans la chambre de Monsieur, qui était à s'habiller et qui fut bien étonné de le voir. Il lui fit des reproches de ce que, sans rien dire, il avait envoyé ses officiers à Fleury pour lui préparer à dîner, au lieu de lui commander, à lui cardinal, de lui donner à dîner, et dit que, voyant cela, il était parti et avait abandonné la maison à ses gens. Depuis ce temps-là, le Cardinal eut des gardes qui ne le quittaient point, et le suivaient jusque dans l'appartement du Roi. »

Ce trait est emprunté à Bassompière,

« Après cette déclaration et cet avis donné au cardinal par Chalais, accompagné de Valençay, ajoute M. de Piré, et quelques autres avis que le dit Chalais lui donna pour mieux jouer son personnage, le Cardinal le crut d'abord ou fidèle ou converti ; mais ayant découvert depuis, à n'en pouvoir douter, qu'il continuait ses intrigues, et jouait le double, le parti fut pris de le sacrifier. »

Tel est le mot du procès de Chalais; c'était un double traître et un espion infidèle.

Dans le manuscrit original et sur des feuilles volantes, M. de Piré trouva deux pièces dont la plus longue est une espèce de résumé et de table synoptique des faits ; et la seconde est un pot pourri de pensée diverses et de maximes que Joachim Descartes voulait sans doute intercaler soit dans son travail mis au net, soit dans la discussion orale. Ces lieux communs, prétentieux, sont sans intérêt pour le procès; j'en cite deux au hasard pour marquer le ton des discussions judiciaires en ce temps-là :

« Comme les epileptiques sont incurables, et encore que quelquefois ils semblent guéris et sains, toutefois, la mauvaise température demeure toujours en eux ; tôt ou tard leur mal retourne. De mesme ceux qui ont esté une fois infestés de conjuration et rebellion, ne sont jamais bons sujets, ny entièrement fidèles.—Le bon pilote a des quadrans pour le jour et pour la nuit. Le bon juge a des lois pour ceux qui, défendant l'Etat, veulent conserver les lois ; d'autres pour ceux qui, conspirant contre l'Etat, veulent ruyner toutes sortes de lois. »

L'arrêt de la chambre fut rendu dès le 18 août. Chalais était déclaré atteint et convaincu du crime de lèze-majesté et condamné à être conduit, tête nue, sur la place du Bouffay de Nantes, et à être décapité sur l'échafaud. La tête, placée au bout d'une pique, devait être mise sur la porte de Sauvetout, et son corps, coupé en quatre morceaux, qui seraient attachés à des potences aux quatre principales entrées de la ville.— Ses biens étaient confisqués, sa postérité déclarée ignoble et roturière, ses maisons abattues et ses bois rasés à hauteur d'homme.

Le lendemain, grâce à la courageuse intervention de la mère de Chalais, fille du maréchal de Montluc, le Roi faisait remise de toutes les peines ignominieuses qui devaient accompagner et suivre le supplice ; mais il maintenait l'arrêt, et Chalais fut exécuté. Tous les chroniqueurs ont raconté comment le bourreau de la cour, ayant été acheté par les amis de Chalais qui voulaient gagner du temps et ayant pris la fuite, on eut recours à un compagnon cordonnier qui devait être pendu trois jours après, et auquel on promit sa grâce; et comment la main peu expérimentée du savetier prolongea le supplice du malheureux gentilhomme, qui mourut bravement et chrétiennement, assisté, non pas par Cospean, l'évêque de Nantes, comme l'ont écrit quelques-uns, mais par le P. des Rosiers, religieux minime. On ajoute que l'on n'eut pas la précaution de se munir d'une épée bien affilée, que l'on prit au hasard celle d'un suisse, laquelle n'avait pas de tranchant, et qu'on y substitua la doloire d'un tonnelier, qui ne coupait pas mieux. J'ai trouvé aux archives départementales d'Ille-et-Vilaine, parmi les pièces relatives au supplice de Pontcallec, la note des frais, véritablement peu élevés de l'exécution de Chalais, compte vérifié et approuvé par Descartes lui-même, commissaire à ce départi, et je la publie sans commentaire :

« M⁰ François Moreau, receveur ordinaire du domaine de Nantes, pendant l'année commencée à la Saint-Jean-Baptiste 1626 et finie à pareil jour 1627, fait dépense des sommes payées des deniers de ses recettes pour les frais de l'exécution à mort du dit comte de Chalais, comme il ensuit. — A M⁰ Jacques Mazureau et Mathurin Macé, huissiers au présidial de Nantes, a été payée par le dit Moreau, la somme de 9 livres 12 sous tournois à eux taxée par M. Descartes, conseiller du Roi en sa cour de Parlement de Bretagne, le 21 jour de juillet 1626, pour avoir assisté à l'exécution de mort du comte de Chalais, accusé de crime de lèze-majesté, et ce, en vertu de l'ordonnance de M. de Marillac, garde des sceaux de France.

»A Joseph Compaignon, fourbisseur au dit Nantes, a été payée par le dit Moreau la somme de 18 livres, à lui taxée par le sieur Descartes, pour avoir fourni une épée pour l'exécution du comte de Chalais, condamné à avoir la tête tranchée, par jugement des commissaires de la chambre establie par le Roy au dit Nantes pour l'instruction et jugement du procès du dit comte de Chalais.

»A M⁰ Pierre Rouxeau, commis au greffe criminel

du dit Nantes, a été payée la somme de 7 livr. 14 sous, à lui taxée par le dit sieur Descartes, tant pour avoir fait charroyer tout le bois qu'il a convenu à faire un échaffaut, que pour avoir fait dresser le dit échaffault.

»A Pierre Parisy, charpentier à Nantes, a été payée la somme de 12 livres à lui taxée par le dit sieur Descartes, pour avoir fourny neuf futailles de pipes pour supporter le dit échaffault.

»Au dit Parisy encore, la somme de 4 livres 16 sous à lui taxée par le dit sieur Descartes, pour avoir dressé le dit échaffaut en la place du Bouffay du dit Nantes.

»A Mathurin Paliern, menuisier au dit Nantes, la sommé de 18 livres tournois, à lui taxée par le dit sieur Dscartes, pour avoir fourni douze planches de bois de chêne pour faire le dit échaffaut.

» A Jacques Gaudin, tonnellier au dit Nantes, la somme de 4 livres 16 sous à lui taxée par le dit sieur Descartes, pour avoir fourny une doloire pour servir à la dite exécution.

»A Charles Davy, la somme de dix-huit livres tournois, à lui taxée par le dit sieur Descartes, pour avoir exécuté à mort le dit comte de Chalais, suivant le jugement des dits commissaires, laquelle somme le dit Moreau a payée suivant la dite ordonnance de M. de Marillac, du 22e jour d'aoust 1626.

»Total payé par le dit Moreau : 92 livres 19 sous.»

VII.

J'ai dit comment le 5 août 1626, à la veille de par tir pour Nantes à l'occasion du procès de Chalais, Descartes avait fait enregistrer les lettres obtenues par lui, le 10 décembre 1625, et par lesquelles il assurait à son fils Joachim de Chavagne, son siége au Parlement, en se réservant quatre années de survivance. — Voici le texte de ces lettres :

« Louys, par la grâce de Dieu, Roy de France et de Navarre, à nos bien amés et féaux conseillers, tenant notre cour de Parlement de Bretaigne, salut. Nous avons ce jourd'hui fait expédier les provisions de l'office de notre conseiller non originaire de notre Parlement de Bretagne en faveur de Me Jouachim Descartes, sur la résignation faite entre nos mains à son fils par nostre amé et féal Me Jouachim Descartes, son père, dernier paisible possesseur du dit office. Nonobstant lesquelles lettres et pour la longue expérience des services que le dit Descartes père nous a continuellement rendus et au public, en la dite charge, l'espace de quarante ans, et que nous espérons encore de luy cy-après, et pour aultres bonnes considérations à ce nous mouvans, nous lui avons permis et octroyé et de notre grâce spéciale et auctorité royale, permettons et octroyons par ces présentes signées de notre main, qu'il puisse et lui soit loisible de pouvoir encore continuer l'exercice de la dite charge de conseiller pendant le temps de quatre ans, aux mêmes honneurs, services, facultés, gages et droits qu'il faisoit auparavant la dite résignation et provision, à la charge toutefois que le dit office sera vacant en la personne du dit Descartes fils, lequel ne pourra entrer en aucun exercice que le sus dit temps ne soit expiré, si tant le père le peult ou veult exercer. »

Joachim II Descartes de Chavagne parut devant la cour le 10 juillet 1627, et répondit, toutes chambres assemblées, aux questions que lui imposait l'ouverture du livre, qui lui donna la loi : *Si Plures de fidei instrumentorum*, comme sujet de thèse, plus sur la pratique. Il fut reçu, prêta serment et fut installé sous les réserves créées au profit de son père par les lettres de transmission relatées ci-dessus.

Immédiatement après le procès de Chalais, un maître des requêtes, Charles de Machault, avait procédé, par ordre, à l'enlèvement d'un vieux conseiller honoraire, Jan Le Levier, sans doute compromis dans les affaires du duc de Vendôme. Le Parlement protesta : le maître des requêtes communiqua au procureur général les lettres closes du Roi, et ne tint compte des protestations du Parlement : la mort de Jan Le Levier étouffa sans doute cette affaire dont je ne retrouve pas d'autre trace, mais qui était un signe du temps.

Joachim Descartes, le père, siégea encore pendant tout le semestre de 1628 et pendant les premiers mois de 1629. Il eut l'honneur, en qualité de doyen, d'être envoyé à la rencontre du prince de Condé, qui entra à l'audience du 8 mars, et fit à la cour un compliment très-élogieux. Il dit qu'il « est envoyé comme prince de Léon pour présider l'ordre de la noblesse à la prochaine tenue des Etats (à Vannes) ; qu'il a désiré voir et saluer cette compagnie pour son mérite et bonne réputation en laquelle elle est par toute la France, remplie d'honneur, vertueuse et de grand savoir, et l'assurer qu'il veillera sous l'autorité du Roi continuellement, tant en cette province que partout ailleurs, au maintien d'icelle, repos des sujets et conservation des priviléges de la dite province. »

Messire Jan de Bourgneuf, dit « que la cour reçoit à honneur l'entrée en icelle du dit prince de Condé, auquel elle et toute la France a une extrême obligation pour avoir, par ses rares vertus, actions courageuses, prudentes et puissantes, maintenu l'Etat pendant le bas-âge du Roi, s'étant pour ce faire exposé, au péril de la vie, en tant d'occasions, où il a toujours depuis continué et continue, rangeant ceux qui se veulent révolter contre le service de Sa Majesté ; en particulier, la cour loue la grande affection qu'il a au service du Roi, et le remercie de la bonne volonté qu'il témoigne à la cour. »

Le prince assista à toute l'audience, et l'huissier ayant rapporté l'heure, Descartes et Siméon Hay, conseillers, reconduisirent le prince jusqu'au parquet des huissiers.

Descartes termina sa carrière parlementaire par un rapport sur les oppositions mises à la donation faite par le duc de Rohan de ses biens. Il exposa à la cour, à l'audience du 8 mars, ses scrupules relativement à ce rapport, et dit que sa femme, demoiselle Anne Morin, possédant une maison dans le ressort de Blain, etoit vassale du duc de Rohan. — La cour ne s'arrêta pas devant l'objection, et dit que Descartes ferait son rapport.

Le 21 juillet 1628, Descartes se retira, après avoir présenté ses lettres d'honorariat :

« Ont été vues, chambres assemblées, les lettres patentes du Roi données au camp, devant la Rochelle, le 20 juillet 1628, signées Louis, et plus bas, par le Roy, Beauclerc, scelées du grand sceau de cire jaune, obtenues par maître Joachim Descartes, conseiller, par lesquelles et pour les causes y contenues, Sa Majesté, de pleine puissance et autorité royale, permet au dit Descartes qu'il se puisse dire, nommer et intituler conseiller en la dite cour, et jouir sa vie durant des honneurs, autorités, prérogatives, franchises, libertés, rang, séance, voix et opinion délibérative, ainsi qu'il le faisoit avant la résignation du dit office faite à M⁰ Joachim Descartes, son fils. »

Le même jour, Joachim II Descartes de Chavagne, prit son siége à la cour et remplaça définitivement son père.

René qui, après son voyage en Bretagne, au retour d'Italie, au commencement de 1626, était allé s'établir à Paris, voulut assister au célèbre siége de la Rochelle. Il revint en Bretagne, avant de rejoindre l'armée, et ce voyage de 1628, qui n'a pas été relevé par Baillet, est constaté par les registres d'Elven.

« Du 22 juin 1628, baptême de Pierre Descartes, fils de Pierre et de Marguerite Chohan, sieur et dame de la Bretallière et de Kerleau : parrain, écuyer René Descartes, sieur du Perron; marraine, demoiselle Anne Rogier. »

Anne Rogier était la sœur de Pierre Rogier, beau-frère de Descartes.

Pierre Descartes est indiqué par Baillet comme

l'aîné des enfants de Pierre et de Marguerite Chohan. C'est une erreur. Leur premier enfant avait été une fille, Anne, — « 29 décembre 1625. Baptême d'Anne Descartes, fille de Messire Pierre Descartes, écuyer, sieur de la Bretallière, conseiller au Parlement de Bretagne, et de dame Marguerite Chohan. Parrain, messire Louis Chohan, écuyer, sieur de Kerambar, de Coatcandec, etc. Marraine, dame Anne Morin, dame du Botderu, femme de M° du Botderu, ancien conseiller au Parlement de Bretagne. »

Le second enfant, aîné des garçons, était Joachim III de Kerleau, qui fut conseiller au Parlement, né, probablement à Rennes, pendant une session du Parlement, mais je ne sais dans quelle paroisse, et je n'ai pas retrouvé son acte de baptême. Le testament du père, que nous reproduirons plus tard, ne laisse aucun doute à cet égard.

Pierre Descartes de la Bretallière eut en tout six enfants, dont quatre filles : Anne, l'aînée, qui se fit religieuse aux Carmélites de Vannes ; Françoise, la seconde, qui se fit religieuse aux Ursulines de Ploërmel, « toutes deux, affirme Baillet, filles de beaucoup d'esprit et de grande piété. » Françoise était née à Kerleau, le 22 février 1629, et ne fut baptisée dans l'église d'Elven, que le 29 septembre 1631. Elle entra au noviciat le 21 novembre 1643, prit l'habit en 1644, et fit profession le 27 mars 1646. Elle mourut le 27 décembre 1660. La circulaire comprend les détails touchants, que voici :

« De notre couvent de Ploërmel, ce 27 décembre 1660. — Ma révérende Mère, c'est aux pieds du S. Enfant Jésus qu'après avoir salué votre Révérence, je la supplie de tout mon cœur et sa sainte communauté, de lui demander qu'il reçoive dans le ciel l'âme de feue notre chère sœur Françoise Descartes, qu'il a ce jour retirée du monde, sur les huit heures du matin. Elle reçut les Saints Sacrements le jour de Noël, avec application d'esprit, âgée de trente-deux ans, et de profession quatorze. Sa maladie a été une phtisie, qui l'a tellement minée, depuis le mois de juillet particulièrement, qu'elle sembloit une anatomie. — Il faut admirer les conduites du bon Dieu, qui ont été de croix et de souffrances, sur cette chère défunte ; ce qu'il fit connoître, inspirant la révérende Mère Supérieure qui la reçeut à profession de lui changer le nom de sœur Athanase, qu'elle avoit eu pendant son noviciat, en celui de Sainte-Croix.

«...... Entrée céans, dès l'âge de six ou sept ans, elle estoit retirée de toute conversation, et l'on pouvoit dire que l'on ne savoit si elle estoit dans la communauté, sinon parce qu'on l'y voyoit. Ses souffrances extérieures ont esté continuelles depuis sa profession, après laquelle elle fut attaquée de paralysie sur un côté, ce qui la réduisit à ne point marcher du tout. Elle en fut miraculeusement guérie par saint Ignace de Loyola....... Jamais elle n'a recherché aucun soulagement, et sa nourriture ordinaire étoit un peu de pain sec, quoique sa complexion fut très-délicate...... Ses dévotions ne pouvoient qu'elles ne fussent bien solides, étant fondées sur Nostre Seigneur, qu'elle aimoit tendrement et honoroit dans tous ses saints mystères, surtout celui de sa douloureuse Passion. Son amour l'attiroit à lui rendre ses hommages au Saint-Sacrement. Elle étoit fort dévote à la sacrée Vierge et à St Joseph, après lesquels saint Ignace etoit son recours, aussi en recevoit-elle des assistances particulières.

» *Marie de Ste-Catherine, supérieure indigne.* »

La troisième, était Marie-Magdeleine, née à Rennes, en 1634, filleule de Joachim Descartes de Chavagne, et qui épousa M. François de Perenno, seigneur de Penvern, « gentihomme très-qualifié dans la province », dit encore Baillet.

Enfin, la quatrième, Catherine Descartes, à laquelle ses vers firent toute une réputation, et à propos de laquelle Baillet écrivait :

« La quatrième, est mademoiselle Catherine Descartes, qui n'a point jugé à propos de s'engager dans les liens du mariage : et, s'il est vrai d'un côté, qu'elle soutient dignement la mémoire de son oncle par son esprit et son savoir, on peut dire de l'autre qu'elle sert de modèle aux personnes de son sexe, par sa vertu. C'est à sa gloire que quelques-uns ont publié *« que l'esprit du grand René étoit tombé en quenouille. »*

Voici l'acte, extrait des registres d'Elven, du baptême de Catherine Descartes, sur les poésies de laquelle nous reviendrons. Elle était née le 12 décembre 1637. « Du 30 décembre 1637. Baptême de Catherine Descartes, fille de M. Pierre Descartes, conseiller au Parlement de Bretagne, et de Dame Marguerite Chohan, sieur et dame de la Bretallière, de Kerleau, etc. Parrain, écuyer Sébastien de Rosmadec, sieur de Bovrel, fils aîné de M. du Plessix-Rosmadec ; marraine, demoiselle Catherine Gouyon, fille aînée de M. de Vaudurant. »

Cinq ans auparavant, le 5 septembre 1632, Joachim Descartes avait marié son fils aîné du second lit, son successeur au Parlement, Joachim II, de Chavagne. Il avait épousé, à Nantes, Marguerite Dupont, fille de Messire Louis Dupont, conseiller d'Etat et président en la chambre des comptes de Bretagne. Joachim II recevait en dot la somme de 36,000 livres, prix auquel était évaluée la charge au Parlement transmise par son père, la dite somme rapportable et en avancement d'hoirie. Sa femme recevait 50,000 livres de dot.

De ce mariage, et avant la mort de leur grand père, Joachim, naquirent, à une date que je ne puis préciser, Joachim IV, qui fut conseiller au Parlement; et, vers 1640, Philippe, qui entra dans la Compagnie de Jésus. Je parlerai des neuf ou dix autres enfants issus de ce mariage, après avoir raconté la mort du grand-père.

En 1637, l'année même de la naissance de Catherine, dont on disait qu'elle avait hérité de l'esprit de son oncle, tombé en quenouille, René Descartes, retiré en Hollande depuis 1629, avait publié son premier et son plus célèbre livre, le *Discours sur la méthode*. Nous voyons qu'il fit envoyer un exemplaire de ce livre au jésuite, «professeur de philosophie de son neveu au collège de la Flèche». Ce neveu, qu'il ne nomme pas, devait être le fils de sa sœur, François Rogier du Crévy; car le fils de Pierre Descartes, Joachim de Kerleau, avait à peine dix ans en 1637.

Baillet, à propos de quelques questions d'intérêt, qui mirent de l'aigreur entre Pierre et René, accuse ses frères, et notamment Pierre, «de le compter pour peu dans la famille, et ne le regardant presque plus que sous le titre odieux de *philosophe*, de tâcher de l'effacer de leur mémoire comme s'il eut été la honte de sa race,» et ajoute: «Il n'en avoit pas été de même de M. son père, qui avoit conservé pour lui une tendresse et une bonté parfaite jusqu'à sa mort. Le fils en avoit toujours été très persuadé, et le voyage qu'il avoit médité de faire en France l'été dernier, avoit pour une de ses fins d'aller revoir et embrasser un si bon père, avant le voyage de l'autre monde. »

Le fait est que ses frères, sauf les discussions d'intérêt sur lesquelles nous dirons deux mots plus tard, vécurent toujours en très-bonne harmonie avec le *philosophe*. Il fut parrain du second fils de Pierre; il partagea ses séjours de Bretagne entre Kerleau, Le Crévy et Chavagne, et, chose assez piquante, si quelqu'un se montra fâché de le voir prendre la plume, c'était son propre père. Le manuscrit de M. de Piré, relatif au procès de Chalais, contient l'anecdote suivante :

« Joachim Descartes rapporteur du procès de Chalais était père du fameux philosophe René Descartes, sieur du Perron. Il était très fâché de voir que son fils s'adonnât à l'étude de la philosophie, au point d'écrire et de faire des livres. Il ne prévoyait pas sans doute le cas qu'on devait dans la suite faire de lui et de ses écrits, lorsqu'il dit ce qui suit à autre Joachim Descartes, son fils du second lit, qui l'a raconté à Christophe de Rosnyvinen, père du copiste et mari de Prudence Descartes, petite fille du dit second Joachim : *De tous mes enfants, je n'ai de mécontentement que de la part d'un seul. Faut-il que j'aie mis au monde un fils assez ridicule pour se faire relier en veau!* »

On peut rapprocher du mot paternel une saillie de René Descartes lui-même sur sa réputation littéraire :

« Je n'ai jamais eu assez d'ambition pour désirer que les personnes de ce rang (la Reine de Suède), sçussent mon nom ; et même si j'avois été seulement aussi sage qu'on dit que les sauvages se persuadent que sont les singes, je n'aurois jamais été connu de qui que ce soit, en qualité de faiseur de livres. »

Joachim Descartes, le père, mourut au mois d'octobre 1640, à Chavagne, d'une maladie, dit Baillet, « qui avoit commencé par une sorte d'apoplexie ; son corps fut inhumé le 20ᵉ jour d'octobre dans l'église des Cordeliers de Nantes, et fut mis dans la chapelle de Ruys, où est l'enfeu ou la cave des seigneurs de Chavagne. »

Baillet, qui dans maint endroit de son livre met en relief la manie de René Descartes de ne faire connaître sa résidence qu'à un très-petit nombre de correspondants chargés de centraliser ses lettres et de les lui adresser de temps à autre, multiplie les reproches à sa famille, qui n'avait pu le prévenir de la mort de son père :

« Dix ou douze jours après la mort de son père, M. Descartes qui n'avoit reçu aucun avis de ce qui étoit arrivé, lui écrivit de Leyde pour lui marquer les obstacles qui s'étoient opposés au voyage qu'il avoit eu dessein de faire en France l'été dernier. Il y reiteroit tous les témoignages du respect et de l'obéissance qu'il lui devoit. Il lui marquoit la passion qu'il avoit de le revoir pour demander ses ordres et sa bénédiction... Cette lettre ayant été reçue dans la famille un mois après la mort du père, fit souvenir les enfants qu'ils avoient encore un frère vivant, et l'aîné prit la plume par bienséance pour lui faire savoir des nouvelles de la maison. »

Cette année 1640 fut fatale à toutes les branches de la famille. Baillet nous apprend que très-peu de temps après son père, mourut Madame du Crevy. Je n'ai retrouvé nulle part ni le lieu de sa mort, ni celui de sa sépulture.

Marguerite Chohan, femme de Pierre Descartes, mourut au commencement de 1641 ; on lit sur les registres d'Elven :

« Le dimanche, 20e jour de janvier, sur les deux à trois heures de l'après-midi, est arrivé à Elven le corps de la défunte Marguerite Chohan, dame de la Bretallière et de Kerleau, décédée à Rennes. Le corps a été mis dans l'église paroissiale du dit Elven, pour passer le nuit. Le lendemain, 21 des dits mois et an, a été fait service en la dite église pour le repos de son âme, et dès aussitôt fut transporté à Vannes et enterré à Nazareth. *Requiescat in pace.* »

Je ne crois pas avoir dit que Anne Descartes, née en mai 1611, la dernière fille du second mariage de Joachim avec Anne Morin, avait épousé en juillet 1628, Louis d'Avaugour, seigneur d'Avaugour, de Mauves et de Touaray, qui habitait la terre du Bois de Kergrois en la paroisse de Quarquefou, non loin de Sucé. « Il étoit, dit Baillet, frère de M. d'Avaugour qui fut longtemps employé dans les ambassades et autres négociations du Roy en Suède, Pologne, et Allemagne, et qui mourut à Lubeck le 6 septembre 1657. »

Ce mariage qui donnait à Anne Descartes un fort grand nom, lui donnait, je crois, une médiocre fortune ; je vois par le testament de Joachim IV Descartes (1714), qu'il lui était dû par la succession de sa tante une somme de 13,618 liv. 11 s. 8 d. dont les intérêts n'avaient pas été payés depuis trente-cinq ans ; et bien qu'on escomptât la liquidation de la terre d'Avaugour, en Basse-Bretagne, qui n'était pas encore terminée, je crois que les enfants de Joachim IV ne retirèrent pas un produit bien net de ce reliquat demi-séculaire. Cette succession ne fut partagée qu'en 1770, en vertu d'une sentence arbitrale du 4 février 1767 (1).

Je continue à citer Baillet, à propos, cette fois, de René Descartes. « M. son père n'ayant pas jugé à propos de le traiter en *philosophe* et en *étranger*, comme il semble que firent MM. ses frères, avoit eu la bonté de lui laisser en mourant quelques biens à partager avec eux. M. Descartes ayant perdu le principal en perdant M. son père, ne jugea pas que le reste valut la peine, qu'il prendroit de se transporter sur les lieux. Il etablit pour procureur de ses affaires son ami, M. de la Villeneuve du Bouexic, qui le servit avec toute l'affection, la diligence et l'exactitude qu'il n'auroit osé espérer d'aucun autre (2). »

J'ai retrouvé dans les archives de Piré l'acte de partage de la succession de Joachim Descartes, à la date du 25 octobre 1641. Les trois enfants du premier lit prélevent une somme de 11,794 liv. 17 s. 9 d., provenant de la succession de dame Jeanne Sain, leur aïeule maternelle. Ceux du second lit prennent à leur tour 28,875 liv., touchées comme prix de l'office

---

(1) Archives de Piré.

(2) Baillet cite à ce propos deux lettres inédites de Descartes à son frère (M. de la Bretallière) du 3 décembre 1640 et du 28 décembre 1641. — Plus la procuration à M. du Bouexic (qui était conseiller au Parlement de Bretagne) du 13 février 1641. — Malheureusement cette correspondance de Descartes avec sa famille n'a pas été publiée, et je désespère de la recueillir désormais.

de lieutenant de Nantes, ayant appartenu à défunt écuyer André Morin, seigneur de Trehans, frère de Madame Descartes,—plus 8,750 liv. pour des droits dans la succession d'Olivier Morin, son autre frère, et pour propres aliénés. En tout 37,625 liv. La seconde communauté doit à la succession le prix de la charge du père au Parlement 36,000 liv.; plus, pour propres paternels aliénés, 41,420 liv. J'indique ces chiffres de fortune mobilière, si importante pour l'époque, et après la promulgation des lois somptuaires qui s'étaient multipliées au commencement du siècle (3), afin de donner une idée de la situation à laquelle le père de René Descartes était parvenu. Les co-partageants procédèrent ensuite à l'exécution du testament de leur père du 29 septembre 1640, rapporté par Le Lou, notaire, et dont l'original était entre les mains de Messire Cristophe Juchault, seigneur des Blotereaux, conseiller du Roi en ses conseils, et président en la Cour des comptes de Bretagne, exécuteur testamentaire du défunt.

On attribua à Joachim Descartes et à Madame d'Avaugour, auxquels leur mère avait cédé ses droits, deux maisons en la ville de Rennes, (l'hôtel Des-

---

(3) Je cite l'édit du 25 mars 1623, à l'enregistrement duquel Descartes assista, le 22 avril :

« S. M. fait très-expresses et réitératives défenses à toutes personnes de quelque état qualité et condition qu'elles soient d'user dorénasant, et à compter du premier mai prochain, d'aucun drap, toiles, passements ou pourfilures d'or et d'argent, tant en habits que sur iceux, soit gallons, clinquants ou autres dorures et argentures de quelque façon ou invention que ce soit, ni pareillement d'aucun passement de Milan ou façon de Milan ; et ce sous peine de cinq cents livres d'amende et confiscation des dits habits. »

cartes, plus tard de Piré) : le lieu noble de la Jaille et plusieurs autres acquets de communauté, en la paroisse de Sucé.

René Descartes, absent lors de ce partage, reçut le lieu et métairie de la Courgère, en la paroisse d'Ouairé (ou d'Oiré), diocèse de Poitiers ; le lieu et métairie de Beauvais, en la paroisse de Saint-Christophe, diocèse de Poitiers, et la maison appartenant au défunt père commun, dans la ville de Châtellerault. Pierre Descartes et M. du Crévy prirent le surplus des immeubles dans le Poitou.

La succession mobilière était aussi considérable et fut partagée devant les mêmes notaires, Le Breton et Guilloteau, l'après-midi du même jour. C'est à propos de ces partages, et de l'acquisition que fit Pierre Descartes de la maison de Châtellerault et des deux fiefs de la Courgère et de Beauvais, moyennant une rente de 500 livres et un capital de 4,000 livres une fois payé, que naquirent entre les deux frères une série de réclamations, où la science mathématique de René et la science juridique de Pierre trouvaient à s'exercer. Cela n'alla pas jusqu'à la brouille, et ce que le testament de Pierre, que nous analyserons bientôt, nous montre des idées de l'aîné des Descartes, nous porte à suspecter d'exagération et les plaintes de son frère, et les appréciations de Baillet. Du reste, les plaintes étaient réciproques, et je veux en finir avec ce désagréable sujet en citant le texte de Baillet et une lettre de René Descartes lui-même :

«Peu de temps après son retour à Paris, survint la mort de René Brochard, sieur de Fontaines, son oncle maternel et son parrain. N'ayant point laissé d'enfant, M. Descartes, par un accord fait avec M. de la Bretallière et M. du Crevis, recueillit seul la succession, qui étoit à peu près insignifiante, René Brochard ayant tout donné à sa femme et aux enfants du premier lit de sa femme. — Partant, à cette époque, pour la Hollande, il laissa à l'abbé Picot le soin de régler toutes ses affaires du Poitou. MM. du Crévis n'y trouvèrent rien à redire, mais il parut, quelques mois après, que M. de la Bretallière, son aîné, n'en fut pas si content, et qu'il auroit souhaité y avoir pris plus de part, que M. Descartes n'avoit jugé à propos de lui en donner. Il se plaignit même que notre philosophe eut fait savoir en ces provinces qu'il l'avoit dispensé de toute commission dans le soin de ses affaires; c'est ce qui porta M. Descartes d'écrire depuis (7 décembre 1648) à l'abbé Picot, en ces termes : Pour la plainte de mon frère, elle me paraît très-injuste. Je n'ai fait autre chose que mander en Poitou que je ne lui ai donné aucune charge d'agir pour moi dans mes affaires, et que s'il s'avise de faire quelque chose en mon nom et comme se faisant fort de moi, il en sera désavoué. Lorsqu'il se plaint que cela se fait à son préjudice, il témoigne avoir encore envie de se faire mon procureur malgré moi, comme il a fait aux partages de la succession de mon père, pour me ravir mon bien sous ce prétexte, et sur l'assurance qu'il a que j'aime mieux perdre que de plaider. Ainsi, sa plainte est semblable à celle d'un loup qui se plaindroit que la brebis lui fait tort de s'enfuir lorsqu'elle a peur qu'il ne la mange. Mais la chose ne mérite pas que vous en parliez à M. l'abbé Ferrand (1), à moins

---

(1) Leur cousin du côté de leur aïeul.

qu'il ne vous aille voir exprès pour vous en demander des nouvelles. »

Après le partage consommé, René Descartes avait 7,000 livres de rentes, chiffre plus qu'honnête en ce temps-là, qu'il augmenta, en vendant à fonds perdus la majeure partie de ses immeubles, et que vint augmenter encore sa pension de 3,000 livres, qui lui fut accordé par le Roi de France. A la veille de sa mort, la reine de Suède avait arrêté de lui donner une terre en Suède de dix mille livres de rentes ; il mourut avant que cette royale libéralité fut consommée, et, par le fait, il ne laissa guère à ses héritiers que la gloire de son nom.

Les terres de Sucé, Chavagne et Jaille, étaient naturellement demeurées, avec l'hôtel de Rennes, aux enfants du second lit. Avant de rentrer au Parlement, je veux donner quelques détails sur ces terres et sur les nombreux enfants de Joachim II Descartes.

Descartes, le père, fit l'acquisition de Jaille en 1617.

Je transcris l'excellente note qu'a bien voulu me transmettre le propriétaire actuel de Jaille, M. Le Lièvre de la Touche, à la demande de mon bon ami, M. Anthime Menard :

« La terre de Jaille et de la Touche était, en 1428, à Jean Guyolle(1); plus tard, à Guillaume Le Veneur; vers 1500, elle appartenait à Jéhan de St-Amadour, chevalier de la Reine Anne de Bretagne, et grand-maître des eaux et forêts de la province Son fils,

---

(1) M. Phelippes Beaulieux, intercale, en 1443, Guyon de Carné, conseiller du duc, en faveur duquel une des fermes fut franchie. — Notice manuscrite de M. Phelippes Beaulieux sur Sucé.

Claude de Saint-Amadour, la céda, le 30 août 1542, à Ancéau de la Motte, qui la vendit, le 9 août 1617, à Joachim Descartes. Cette terre est restée dans la famille Descartes jusqu'à la fin du xviie siècle. Deux des neveux de René, Louis et François, l'eurent en partage, et, après leur mort, Joachim Descartes de Chavagne, leur frère aîné, et Anne Le Lou, veuve de François Descartes, la vendirent, le 11 juin 1698, au trisaïeul du propriétaire actuel, M. Le Lièvre de la Touche.

» L'ancien manoir de Jaille n'existe plus qu'en partie. On y voit cependant une chambre qui a conservé le nom de chambre de Descartes. Le château de Jaille, qui se voit sur les bords de l'Erdre, est de construction moderne. Il a été bâti vers 1783 (1).

» L'ancienne maison de la Touche, démolie en 1738, a été remplacée par une maison occcupée aujourd'hui par des fermiers. »

Le château de Chavagne a conservé tout son aspect du xvie siècle; une tourelle au centre sur la cour principale; une porte ogivale armoriée, un donjon au midi, une chapelle, un jardin dessiné à la mode ancienne, un parc énorme; une grande avenue de chênes séculaires, un immense étang. Je reproduis encore la note que je dois à l'obligeance de Monsieur Menard.

« La terre de Chavagne appartenait en 1476 à Pierre de Saffray, seigneur de Bougon; en 1540 à

---

(1) La notice de M. Phelippes Beaulieux porte: « Dans un champ, à peu de distance du manoir, existe un châtaignier aux formes colossales : il a 12 m. de circonférence. »

Pierre de Godelin; en 1590 à Françoise de Rhuys, femme du premier président de la Cour des comptes, Jean Morin, qui fut deux fois maire de Nantes. — Les Morin, d'après M. Phelippes Beaulieux, portaient d'argent, à l'arbre de sinople, planté sur une terrasse de même; un sanglier de sable crochant sur le fût de l'arbre; devise: *mori ne timeas.* Cette terre passa à André Morin, lieutenant de Nantes et maire de la ville, puis, en 1625, à sa sœur Anne Morin, femme de Joachim Descartes. » C'est là que le père de René, mourut. Il y était venu souvent lui même; il y revient en 1644, et on le trouve à cette date parrain d'un René Descartes, avec Françoise de Becdelièvre, compagne de Messire Guy Dupont, conseiller au Parlement, pour marraine. »

Ce filleul de René Descartes, fils de Joachim II Descartes et de Marguerite Dupont, dut mourir tout jeune, et j'en perds la trace.

« Jusqu'en 1688, poursuit ma note, la terre de Chavagne continua d'appartenir à la famille Descartes, et fut alors vendue à Claude Luzeau de la Grande Noë. M. Luzeau de la Mulonnière, l'un de ses descendants, en est propriétaire aujourd'hui. »

Maintenant que le lecteur connait les principaux centres de la famille Descartes en Bretagne, je vais dire les noms des enfants de Joachim II de Chavagne, comme j'ai énuméré ci-devant ceux de Pierre de Kerleau.

J'ai déjà nommé l'aîné, Joachim IV dont je dirai le rôle au Parlement; vient ensuite, 2° Louis, dont je n'ai pas l'acte de naissance, mais qui, d'après son acte de décès, était né en 1639. Il se fit prêtre, fut chantre de l'église collégiale de Montagu, prieur de

Cardreuc, et mourut à la Jaille, de maladie contagieuse le 13 juin 1697. Il fut inhumé dans l'église de Sucé.

3° Marguerite, baptisée à Sucé, en 1640, avant la mort de son grand père, qui signe à son baptême, et dont je ne sais rien par ailleurs, si ce n'est qu'elle fut marraine de son frère François en 1645.

4° Philippe, baptisé aussi à Sucé en 1640, et qui entra dans la compagnie de Jésus. Baillet lui a consacré cette notice : « Il fit profession au mois de septembre 1666. Ce père, qui s'est retiré à Rennes, est regardé dans la compagnie comme une personne qui s'est fait un grand mérite de son esprit et de sa piété. Il a enseigné les mathématiques avec beaucoup d'approbation, et il été jugé capable des plus grands emplois de sa compagnie. Mais il s'en est toujours excusé, et l'on n'a pu refuser à la faiblesse de sa santé, ce que l'on n'auroit pas voulu d'ailleurs accorder à sa modestie. »

La généalogie conservée dans les archives de Piré, dit que Philippe Descartes mourut en 1716, âgé de 76 ans.

5° Augustin, qui fut aussi prêtre, devint recteur de Nivillac et doyen de la Roche-Bernard, dont il fut pourvu de 1657 à 1658 et où on le voit recevoir les abjurations de deux dames protestantes, après la révocation de l'édit de Nantes. Ce fut lui qui célébra dans la chapelle de Chavagne, le mariage de sa nièce Louise-Prudence Descartes avec Christophe de Rosnivinen de Piré, le 31 août 1676. Il mourut à la Roche-Bernard, et fut enterré, le 17 janvier 1707, dans l'église Saint-Michel de cette ville.

Il transigeait, le 17 octobre 1697, avec son frère aîné Joachim, sur les successions de leurs frères prédécédés.

6° René, le filleul du grand écrivain né à Chavagne en 1644. Il fut baptisé, le 15 août, et nommé le 9 septembre ; je n'en ai aucune autre indication.

7° Anne-Louise, mariée le 14 février 1658 à Messire René Ferré, seigneur de la Ville-ès-Blancs, dont le fils Anne-Louis Ferré, fut plus tard conseiller au Parlement. René Ferré était fils unique de Daniel Ferré et de Renée de Champigné, seigneur de la Ville-ès-Blancs, paroisse de Sévignac évêché de St-Malo (1).

8° François, sieur de Jaille, né à Chavagne en 1645, épousa Marie-Anne Le Lou de la Babinaye et en laissa une fille Marguerite Descartes, née à Jaille, le 14 juillet 1681, qui épousa François-Philippe de Bruc, comte de Montplaisir, déjà veuf d'Alexandre de Fay. François-Philippe était le second fils de René de Bruc, dont les poésies ont parmi les curieux une réputation méritée. François eut en 1684 un fils, Joachim Descartes né le 3 août 1684, et baptisé seulement, le 15 décembre 1685, à Sucé, sans autres traces. Je ne sais si c'est aussi à François qu'il faut rattacher Marie-Charlotte Descartes que je trouve en 1767, épouse du marquis d'Orvault. François mourut âgé de 41 ans, à Jaille, le 29 août 1686, et fut enterré dans l'église de Sucé. A sa mort, son frère Louis, prêtre, prit le titre de seigneur de Jaille, ce qui

---

(1) Registres de Saint-Pierre. Le contrat de mariage qui constitue en dot à Louise Descartes 20,000 liv. est au rapport de Duchemin et Berthelot, notaires à Rennes. (Archives de Piré.)

prouverait que Joachim Descartes de Jaille était mort avant son père (1).

9° Henry, dont voici l'acte de baptême, extrait des registres de Saint-Pierre en Saint-Georges, à Rennes:

« Henry fils de messire Joachim Descartes, Sr de Chavaigne, conseiller en la Cour de ce pays et de dame Marguerite Dupont sa compagne, né du 31 janvier dernier et baptisé ce jour dans l'église paroissiale de Saint-Pierre en Saint-Georges de Rennes, par le recteur d'icelle. Ont été parrain Messire Henry Barrin, seigneur du Boisgeffroy, et marraine demoiselle Anne Dupont, le 2e jour de février 1650. — Le registre signé, Henry Barrin, Anne Dupont, F. Becdelièvre, Joachim Descartes, Louis Descartes, Christophe Barrin, Philippe Descartes, Augustin Descartes. »

Henri mourut à 20 ans. Les registres de Saint-Pierre, qui pour les décès ne remontent qu'à avril 1668, portent :

« Ecuyer Henry Descartes, sieur de la Touche, décédé le 20 février 1670, a été solennellement inhumé dans l'église de la paroisse Saint-Pierre en Saint-Georges de Rennes, le 21 des dits mois et an ; et ont assisté au convoi Messire Suzain Beaucorps (2), prêtre chez M. de Chavaigne, et Messire Gabriel Guriec, prêtre chez M. de la Ville-ès-Blancs, qui ont signé les dits jour et an. »

---

(1) Je dois les notes sur les archives de Sucé à l'obligeance de M. Léon Maître, archiviste de la Loire-Inférieure.

(2) La signature du précepteur de la maison de Chavagne, porte *Bocco*.

10e Marie fut baptisée « en l'église paroissiale de Saint-Pierre en Saint-Georges de Rennes, par le recteur d'icelle et tenue sur les fonts du baptême par Messire Louis Dupont, seigneur de Lassongère, parrain, et demoiselle Marie Porée dame du Parc, la fille, marraine, le 27 de mars 1651 (1). »

Je crois que c'est Marie Descartes qui vécut et mourut religieuse à Ancenis.

11e « Ignace, fils de Me Joachim Descartes, seigneur de Chavagne, conseiller du Roi, en son Parlement de Bretagne, et de dame Marguerite Dupont, sa compagne, a été baptisé dans l'église paroissiale de Saint-Pierre en Saint-Georges de Rennes, par le recteur d'icelle ; parrain, écuyer Louis Hubert de Lasse, sieur du dit lieu, et marraine, dame Renée Foucault, dame compaigne de Messire François Rogier, sieur du Crevy, conseiller au dit Parlement, ce 1er août 1652 (2) ».

Ignace se destinait à l'état ecclésiastique. Le 25 avril 1672, âgé de vingt ans, « clerc tonsuré du diocèse de Rennes, » il fut reçu chanoine de la collégiale de St-Aubin-de-Guérande, au lieu et place de Jean Mousset, précédent titulaire de cette prébende (3).

Il mourut et fut inhumé à Chavagne en 1675 (4). »

12e « Joseph, fils de Messire Joachim Descartes, seigneur de Chavagne, conseiller du Roi en son Parlement de Bretagne, et de dame Marguerite Dupont, sa compagne, a été baptisé en l'église Saint-Pierre,

---

(1) et (2) Registres de Saint-Pierre.
(3) Archives de Piré.
(4) Registres de Sucé.

en Saint-Georges, par le recteur d'icelle; parrain, Messire Joachim Descartes, seigneur de Kerleau, conseiller au dit Parlement, et marraine, D^{lle} Suzanne de Lasse, fille de défunt M. de Lasse, vivant, conseiller au dit Parlement, le 4e de mars 1655 (1) ».

Joseph Descartes, sieur de Longle, avait épousé, le 18 février 1689, Jacquette Le Gouvello, d'Auray, veuve de Thomas de Francheville, seigneur de la Motte. Il mourut sans enfants. Joachim Descartes, son frère aîné, tant en son nom qu'en celui de ses puînés, transigea avec la veuve pour la liquidation de la communauté, peu importante, le 30 septembre 1696.

13°, Enfin, « Françoise, fille de Messire Joachim Descartes, seigneur de Chavagne, conseiller au Parlement, et de dame Marguerite Dupont, sa compagne, a été baptisée en l'église paroissiale de Saint-Georges de Rennes, par le recteur d'icelle. Parrain, Me François Hubert de Lasse, et marraine, demoiselle Françoise Dupont, le 5 juin 1657. »

Cette dernière fille dut mourir jeune, et je n'en retrouve aucune trace dans les actes ultérieurs.

Les registres de Sucé mentionnent fréquemment les différents membres de la famille Descartes comme parrains et marraines, tant des gentilshommes de la paroisse que des paysans. Ils mentionnent en outre leur présence aux abjurations de certains protestants.
— Le 2 décembre 1653, abjuration d'Anne Gaignon, native du Lion d'Angers, entre les mains du R. P. Lesin, sous-prieur des Carmes de Nantes, qui venait

---

(1) Registres de Saint-Pierre, en Saint-Georges.

de donner une mission à Sucé. Signent, comme témoins : Joachim Descartes et Marguerite Dupont, sieur et dame de Chavagne. — Novembre 1685, le recteur de Sucé, selon une permission de Monseigneur, a reçu solennellement, en l'église de Sucé, l'abjuration de l'hérésie calviniste du sieur David Gontier, âgé de 40 ans, natif de Castres, chirurgien de profession et ci-devant recteur du Prêche de Sucé, demeurant dans le bourg depuis six ans, l'a absout de l'hérésie et baptisé, sous condition; parrain, Joseph Descartes, sieur de Longle; marraine, dame de Ponthual (1).

Je reviens maintenant au Parlement pour y suivre la trace du père de cette nombreuse lignée, et celle de son frère aîné, Pierre Descartes.

VIII.

L'entrée de Joachim II Descartes dans le même semestre que Pierre, motiva le renouvellement des requêtes sans cesse répétées et toujours inutilement, par la compagnie, pour que les proches parents ne puissent siéger à la même séance, conformément à l'ordonnance de Blois, qui ne fut jamais observée en Bretagne.

L'augmentation progressive du pouvoir royal, sa concentration dans la main ferme et énergique du

---

(1) Registres de Sucé.

cardinal de Richelieu, réduisirent naturellement le Parlement à ses fonctions judiciaires et de police : sauf quelques épisodes secondaires, la vie politique, qui cessa complètement sous Louis XIV, disparaît déjà sous Louis XIII. Je n'ai donc à relever désormais que quelques arrêts propres à faire connaître les mœurs contemporaines et à indiquer, d'une manière générale, les efforts des magistrats pour arriver à l'achèvement du palais monumental commencé pour eux. Je ne chercherai point à mettre une suite, à ménager des transitions entre ces extraits, et je les découperai souvent, tels qu'ils se lisent dans les registres secrets, lorsque l'un ou l'autre des deux Descartes y ont pris part.

Du 26 juin 1630. — Pierre Descartes étant à la chambre des Tournelles, et Joachim à celle des enquêtes, la cour, grand'chambre et tournelles réunies, rendit un arrêt, par lequel elle interdisait aux gentilshommes de faire porter leurs armes par leurs laquais, et défendait à ceux-ci d'en porter de jour ou de nuit, ni offensives ni défensives, sous « peine d'être fouétés par l'exécuteur de la Haute justice, sans autre forme de procès pour la première fois, et d'être pendus et étranglés pour la seconde, avec cent livres d'amende pour l'hôpital, sans dispense de dix livres en outre au profit du délateur. »

Tout le commencement de l'année 1631, pendant lequel Pierre Descartes demanda et obtint un congé de deux mois, « à causes d'affaires importantes qu'il a en pays, » fut rempli de mesures de police pour parer à la famine ; on renvoie de Rennes les mendiants, vagabonds, soldats, écoliers se disant élèves des Jésuites, et qui ne suivent aucun cours. On met six ou sept de ces écoliers en prison. On interdit l'exportation du blé « à peine de la vie ». — Permission spéciale, sur la demande des municipalités de Nantes et de Bordeaux, d'en faire acheter pour ces pays une quantité déterminée, dans les évêchés de Bretagne moins maltraités par la disette. — Ordre de battre tous les grains emmulonnés dans les aires, et d'en porter au marché.

Fuite du duc d'Orléans, frère du Roi.

Du 6 juin, levée de l'interdit relatif aux grains et légumes, — permission de les exporter.

Pierre Descartes qui, au commencement de 1632, s'était encore fait excuser pour six semaines, étant à Paris pour affaires, rentra tout juste pour entendre lecture des lettres patentes qui nommaient le cardinal de Richelieu gouverneur de la Bretagne, en remplacement du maréchal de Themines, décédé, et M. de la Meilleraye, lieutenant général, en remplacement du duc de Montbazon. Nous dirons tout à l'heure les démêlés du Parlement avec M. de la Meilleraye.

L'année 1633 fut marquée par les obsèques de Renée de Thou, femme du premier président, Jean de Bourgneuf, laquelle fut enterrée le 4 février, en présence de toute la cour, en l'église St-Germain.

L'année suivante, la cour se rendit encore tout entière pour assister à la célèbre procession du *Vœu de Bonne-Nouvelle*. Le mercredi 14 juin, « l'évêque entra à la cour et dit que la ville de Rennes ayant été, aux années précédentes, grandement affligée de contagion, plusieurs prières ont été faites, à ce qu'il plût à Dieu faire cesser ledit mal, et particulièrement fût advisé qu'il lui seroit présenté un vœu en l'église de Bonne-

Nouvelle : que le peuple ayant fait aumône pour satisfaire, on avoit donné ordre et faict faire le dit vœu, qui est une image de la sainte Vierge ; dont il donne avis à la cour, et la convie, pour l'exemple, de s'y trouver. — La cour a arrêté qu'au jour de la présentation du dict vœu, elle assistera, en corps et robes rouges, à la cérémonie, et que les rues par lesquelles le dit vœu sera porté, seront tapissées ; et les présidents et conseillers de la séance d'août qui seront dans cette ville, en seront advertis et les juges de Rennes mandés de s'y trouver. »

Le 19 février 1636, M. de Kéraly, conseiller, raconte que « la cour lui ayant donné mission de rechercher à Paris s'il étoit moyen de trouver un entrepreneur qui fît les avances nécessaires pour l'achèvement du palais, commencé depuis vingt-cinq ou trente ans, il s'étoit abouché avec un sieur Barbier, personnage de moyens, qui avoit demandé 500 livres pour envoyer à Rennes deux de ses employés ; qu'il en avoit effectivement envoyé quatre, savoir : Guillaume, Mathurin et Jean Duris, et le sieur Pierre Hardy. » Les 500 livres furent comptées à ces ouvriers, et la cour constitua une commission composée de Jean Bourgneuf, premier président ; Christophe Fouquet, président ; André Barrin et Louis Kéraly, conseillers, « pour adviser ce qui sera nécessaire aux dits bâtiments. » — Les entrepreneurs demandent deux ans et 400,000 livres, remboursables dans six ans. — La communauté de ville dit qu'elle remercie le Parlement et approuve le devis ; mais.... qu'elle n'a pas d'argent. — La cour fait le marché et supplie le Roi de pourvoir à la finance.

Le 14 avril, les deux Descartes présents, la cour toute entière fut saisie d'une grave question :

« Messire Christophe Fouquet, président, expose que la chambre des Tournelles s'est partagée, procédant au procès de Gilles Lesguipt, accusé ». La moitié était d'avis de condamner, *hic et nunc*, l'accusé aux galères perpétuelles ; l'autre moitié voulait qu'avant de procéder au jugement du procès, le dit accusé fût « exposé à la question d'escarpins, *manantibus judiciis* ». Il s'agissait de savoir « laquelle des deux opinions étoit la plus douce, pour parfaire l'arrêt ; que les uns disoient que c'étoient les galères, les autres la torture ; qu'il étoit à propos de régler cela par l'avis de la compagnie, afin qu'en pareille occurrence il n'y eut plus de doute : et sur ce, les chambres assemblées, a été arrêté que la condamnation de galère étoit plus *douce* que la torture. »

Le 3 juin, fut enregistré l'édit contre les blasphémateurs, dont l'économie est à noter. Les quatre premiers délits, relevés contre le même coupable, sont punis d'amendes, doublées, triplées, quadruplées ; la cinquième récidive est punie du carcan ; la sixième est punie par l'amputation de la lèvre supérieure ; la septième, par l'amputation de la lèvre inférieure ; la huitième, enfin, par l'ablation de la langue. Je n'ai pas vu d'application de cet édit.

Le 5 juin 1636 mourut Jean de Bourgneuf, premier président. Il fut enterré solennellement, le 9 juin, dans l'église Saint-Germain. Son fils, qui était déjà investi des hautes fonctions que le père avait remplies avec une distinction appréciée, lui succéda. Henri de Bourgneuf avait épousé, en secondes noces, Caliope d'Argentré, veuve du président Rogier ; et cette double alliance relie ainsi le nom des d'Argentré à celui des Descartes, par les Bourgneuf et les Rogier, en attendant que l'alliance des Descartes avec les Piré les rattachât encore plus étroitement aux d'Argentré.

Les années immédiatement subséquentes n'offrent aucun incident, si ce n'est que, le 9 septembre 1638, à l'occasion du *Te Deum* pour la naissance du Dauphin, il y eut conflit entre l'évêque et le Parlement à propos des stalles du chœur, dont l'évêque voulait disposer pour douze de ses chanoines, avant de les livrer à Messieurs. Il y eut des scènes de violence; les huissiers, et les plus jeunes des conseillers prirent les chanoines et les descendirent de leurs stalles, en déchirant leurs surplis, et en meurtrissant un peu leurs bras. L'évêque frappa d'interdit le chœur de sa cathédrale et interrompit l'office. Le Roi donna raison à l'évêque, et suspendit de leurs fonctions cinq ou six des plus turbulents parmi les conseillers. Il fallut l'intervention directe de Richelieu pour ramener la paix et déterminer le Parlement à faire des excuses à l'évêque.

Je dois à l'obligeance de M. Quesnet la lettre inédite de Richelieu à l'évêque de Rennes :

« Monsieur, je vous fais ces lignes pour vous prier de lever l'interdit que vous avez dénoncé en votre église, et ce, en considération de la prière que Messieurs les députés du Parlement de Bretaigne m'en ont faite, et l'assurance, qu'ils m'ont donnée de vive voix, de vivre à l'avenir avec vous comme ils doivent : je vous envoye la copie de la lettre qu'ils m'ont écrite sur ce sujet, à quoy je n'ajouteray aucune chose, sinon que là où j'auray la continuation de mon affection, vous connoitrez que je suis, Monsieur, votre très affectionné confrère à vous rendre service.

— Le cardinal de Richelieu. — A Paris, le 5 décembre 1638. »

Je n'ai vu dans les procès-verbaux, rédigés par l'évêque lui-même, figurer aucun des Descartes parmi les turbulents, et les sentences de suspension de la charge ne les atteignirent pas.

Joachim Descartes, le père, conseiller honoraire, étant mort, comme je l'ai dit, en 1640, hors de la ville de Rennes, les registres ne contiennent aucune trace de son enterrement et de son service, auxquels la cour ne dut pas être convoquée.

Au mois de mai 1643, Pierre Descartes fut un des députés délégués par la cour pour aller saluer Louis XIV, enfant, que la mort de Louis XIII appelait au trône (1). Le premier président rendit compte au Parlement, le vendredi 11 décembre 1643, des détails de cette ambassade importante, — Pierre Descartes, auquel était adressée une convocation particulière pour cette séance, ne reçut pas les lettres à temps, et n'assistait pas au Parlement le 11 décembre. La relation de M. de Bourgneuf appartient néan-

---

(1) 29 mai.— Députation de la cour pour aller saluer le Roi et la Reine-Mère, et leur faire soumission et offre d'obéissance et du très-humble service qu'elle doit à LL. MM. et les supplie de confirmer les officiers de la dite cour dans leurs états et privilèges.--Pierre Descartes est un des quatre conseillers députés, avec le premier, et le président René d'Amphernet.

« Michel d'Espinaye, président aux enquêtes, s'étant levé, a présenté requête et dit qu'il prétendoit être employé dans la députation, que néanmoins on en avoit nommé, qu'il avoit accoutumé de présider. — Pierre et Joachim Descartes se retirèrent, et sur ce délibéré, la cour arrêta que la députation tiendra. »

moins à la biographie de Pierre Descartes, et c'est à ce titre que nous la reproduisons ici :

« Messire Henri de Bourgneuf, premier président, a dict, chambres assemblées, qu'au commencement du règne du Roy et de la Régence de la Reyne-Mère, il a esté députté avec Messire René d'Amphairnet, président, maistres André Barrin, Regnaut de Sévigné, Pierre Descartes et Georges de Kerguézec, conseillers, et René de Kermerien, advocat général du Roy, pour aller saluer LL. MM. de la part de la compagnie. Le procureur général du Roy avoit été députté ; il s'excusa sur son indisposition. Ils prirent jour de se rendre à Paris, et s'y trouvèrent le 20, de juin. Ils conférèrent ensemble de l'ordre qu'ils devoient tenir en l'exécution de leur commission, et crurent qu'ils ne pouvoient avoir une si bonne conduite que celle qu'il plairoit à la Reyne de leur donner, et que, sur cela même, ils devoient rechercher ses commandements, devant que de la saluer comme députés, et qu'un d'eux pourroit la voir en particulier. Il eut l'honneur de voir la Reyne. Il lui parla de leur députation et de l'audiance qu'ils auroient à désirer du Roy et de Sa Majesté, et du temps et du lieu. La Reyne sçavoit déjà qu'ils étoient députtés, et qu'ils étoient arrivez et avoit dejà donné quelque ordre pour ce qui les regardoit, et luy dit que le sieur comte de Brienne les introduiroit à l'audiance ; et le jour même ils eussent salué LL. MM. comme députez du Parlement, si ils eussent eu le temps de se rassembler, et de voir M. le chancelier et le sieur comte de Brienne. Le lendemain ils s'assemblèrent et allèrent saluer M. le chancelier ; ils luy firent entendre le sujet de leur voiage et luy présentèrent des lettres de la part du Parlement. Il leur dit qu'il se trouveroit au Louvre, et qu'il seroit présent lorsqu'ils salueroient le Roy et la Reyne. Ils virent le sieur comte de Brienne. Il prit le commandement de la Reyne pour l'heure de leur audiance, qui devoit être le jour suivant, après le dîner de la Reyne. Ils étoient prêts d'aller au Louvre; le sieur de Brienne leur manda que leur audiance étoit différée et que le soir, il leur en diroit la cause. Ils apprirent de luy qu'il avoit trouvé dans la rue le sieur maréchal de la Meilleraye, qu'il avoit mis pied à terre et parlé ensemble assez longtemps. Entre autres choses, le dit sieur maréchal de la Meilleraye lui avoit dict que les députtés du Parlement de Bretagne ne l'étoient point allé voir, qu'ils devoient le voir, et qu'il devoit les présenter au Roy et à la Reyne. Le sieur comte de Brissac alla dire cela à la Reyne. La Reyne lui commanda de le leur faire savoir. Ils dirent qu'étant députtés du Parlement de Bretagne, ils ne pouvoient voir le sieur maréchal de la Meilleraye.

» L'insistance que fict le sieur maréchal de la Meilleraye les obligea de dire pourquoy ils ne le pouvoient voir : qu'il avoit offensé le Parlement, que cela étoit à la cognoissance de toute la province, que toute la cour et toute la France le pouvoient sçavoir. Après avoir tenu les Etats de Bretagne à Vannes; il étoit venu à Fontenay chez le sieur duc de Brissac, où y ayant couché, il étoit venu le matin au Palais, devant que les présidents et conseillers y fussent entrés, avoit fait entrer tous ses gardes dans le Palais avecq leurs casaques et leurs harquebuses, et les avoit fait mettre en haye dans la salle des procureurs et dans le parquet des huissiers, jusques à la porte de la grand'chambre : et que deux gentilshommes qui étoient à sa suite tenoient la porte de la grand'chambre et le passage assez étroit, que les présidents et conseillers entrant au Palais avoient passé entre les gardes et entre les armes. Nonobstant cet abord, quand les présidents et conseillers furent entrés, et la cour séante, deux des plus anciens conseillers de la grand'chambre furent commis pour aller au devant du dit sieur maréchal de la Meilleraye, qui étoit dans l'enclos du Palais lui faire honneur. Les dicts conseillers le trouvèrent dans le parquet des gens du Roy. Il leur dit que s'ils venoient à lui de la part du Parlement qu'il ne les cognoissoit point. C'étoient Maîtres François Lefebvre et Marc le Duc, conseillers. Il ajouta qu'il ne vouloit point les ouir, et qu'il n'avoit rien à leur dire. Le dit Lefebvre conseiller, luy dit que si il ne le cognoissoit comme conseiller de la cour, qu'en son particulier, il étoit son serviteur en cette qualité là. Ils demeurèrent avecq luy environ demie heure. La cour sçut bien qu'ils étoient demeurés avec luy dans le parquet des gens du Roy; mais elle ne fut pas advertie de ce qui s'étoit passé entre eux. Le sieur maréchal de la Meilleraye étoit entré dans la grand'chambre, non par la grand'porte, mais par une porte qui va dans la gallerie, par laquelle les présidents et conseillers vont aux chambres. Il étoit entré sans manteau, botté, une cane à la main, et avoit fait cinq ou six pas sans ôter son chapeau. Pour venir prendre sa place il avoit passé devant le bureau, encores qu'il eût été adverti qu'il falloit passer derrière le bureau ; et qu'étant assis en sa place, il avoit dict qu'il étoit venu voir le sieur duc de Brissac, son beau-père, en sa maison de Fontenay; qu'il avoit autant de bonne disposition pour la compagnie, comme la compagnie en avoit pour luy. L'heure de l'audience étant venue, les présidents et conseillers étoient montés sur les hauts siéges. Il étoit venu y prendre sa place par un chemin extraordinaire. Il étoit monté par un petit dégré qui est dans l'angle des bancs, par lequel personne ne passe, ny les présidents, ny les conseillers, ny les Gouverneurs, ny les ducs et pairs; c'est un chemin pour le Roy. Les portes étant ouvertes pour donner l'audience, les gardes du sieur maréchal de la Meilleraye étoient entrés dans l'audience, ayant les casaques et harquebuses, et avoient commencé par se mettre en rang pour faire une haye depuis le bureau jusqu'à la porte. La compagnie, qui n'avoit jamais rien vu de semblable avoit commencé un peu à s'émouvoir. Le sieur maréchal de la Meilleraye s'étoit levé de sa place, étoit allé jusques au bout du bancq sans ôter son chapeau, avoit fait sortir ses gardes et s'étoit remis en sa place. L'on avoit tenu l'audience jusques à l'heure accoutumée, et étant finie, il s'en étoit retourné à Fontenay, et vouloit que la cour lui envoyât des députtés le saluer de sa part à Fontenay. La compagnie ne vouloit pas voir ce qu'elle avoit veu, et ne voulloit pas entendre ce qu'elle avoit entendu. Le sieur maréchal de la Meilleraye avoit parlé de cette action, et fait cognoître son intention à plusieurs personnes et même à des présidents et conseillers de la cour, disant que ce qui s'étoit passé avoit été par son ordre et par son commandement; qu'il l'avoit fait par ressentiment, que la compagnie l'avoit méprisé et qu'il se tenoit offensé de ce qu'elle ne luy avoit point écript à Paris et qu'elle ne luy avoit point envoyé de députtés à Vannes, sur le sujet de la mort du sieur Cardinal de Richelieu et sur le sujet de sa promotion au Gouvernement de Bretagne ; que si le Parlement avoit ses registres, il avoit les siens ; et avoit fait entendre qu'il ne se contentoit pas des honneurs qui avoient été rendus aux gouverneurs et aux lieutenants du Roy qui avoient été en charge devant lui, dans la province.

» La compagnie n'avoit pas deu rendre au sieur maréchal de la Meilleraye de plus grands honneurs que ceux qui avoient été rendus aux princes et aux grands qui avoient gouverné la province ; elle ne le pouvoit faire qu'avec diminution de l'autorité royale, et diminution de l'honneur et de la dignité d'une Cour Souveraine.

» La Reyne eut agréable d'être informée de ces vérités. Sa Majesté sçavoit des particularités qu'ils ne pensoient pas qui eussent été observées. Ils eurent ordre de revoir mondict sieur le Chancelier. Il leur demanda ce qui s'étoit passé au Parlement le jour que le sieur maréchal de la Meilleraye y étoit entré après les Etats de Vannes. Ils luy en firent le récit ; il voulut qu'ils luy en donnassent un mémoire craignant d'oublier quelque particularitté : suivant sa vollonté, ils firent écrire un mémoire et le luy portèrent. Cette affaire fut agitée dans la Cour devant la Reyne, au Conseil, entre les grands. Monsieur le Chancelier leur dit que le mémoire qu'ils luy avoient donné avoit esté communiqué au sieur maréchal de la Meilleraye, et qu'il vouloit y faire une réponse par écript. Ils dirent à M. le Chancelier que ce qu'ils avoient écript n'avoit été que par son ordre pour servir à soullager sa mémoire ; que le sieur maréchal de la

Meilleraye disoit qu'il étoit amy des particuliers du Parlement et ennemy du Parlement; qu'ils prioient M. le Chancelier de considérer que, ôté du Parlement les particulliers et leurs intérêts, il n'y restoit que l'autorité royalle, que l'injure faite au Parlement considéré en cette sorte, regardoit le Roy, que c'étoit l'affaire du Roy, que la Reyne y donneroit tel ordre qu'il luy plairoit : qu'ils n'avoient qu'une affaire à la cour, qui étoit de saluer LL. MM. de la part du Parlement. Le sieur maréchal de la Meilleraye prit résolution de ne point faire d'écript; mais il fit grande insistance affin qu'on les obligeât de l'aller voir. L'on ne jugea pas que cela dût être. Il prit congé de la Reyne et s'en alla. Ils allèrent saluer le Roy et la Reyne. L'heure de l'audiance leur étoit donnée à l'issue du conseil. Ils allèrent au Louvre sur les cinq heures : le conseil n'étoit pas finy. Ils entrèrent dans la chambre du capitaine des gardes, et y demeurèrent jusqu'à ce qu'on les eut avertis qu'il étoit le temps de monter en haut.

» La Reyne sortit du conseil et passa dans sa chambre pour aller dans le grand cabinet où ils devoient la saluer. Elle les vit en passant dans la chambre, et au même temps elle commanda à un de ceux qui étoient auprès d'elle d'aller quérir le Roy quy jouoit dans la gallerie. Le Roy vint au cabinet de la Reyne. Le Sieur Comte de Brienne les vint quérir; ils entrèrent au cabinet. Le Roy étoit assis dans sa chaire, la Reyne assise auprès du Roy, et Monsieur, frère du Roy assis à la main gauche de la Reyne. Monsieur le Chancelier étoit debout auprès du Roy, le cabinet tout plein des personnes de qualité, de la cour et des provinces. Ils eurent une favorable audiance. Le Roy écouta avec attention, et demeura dans sa chaire, sans se divertir. La Reyne eut agréable ce qu'ils dirent de l'affection du service, de la fidélité et de l'obéissance de cette compagnie. Elle remercia le Parlement, remercia les députtés, et leur fict l'honneur de les assurer de sa bienveillance; et après qu'elle eut répondu à ce qu'ils luy avoient dit comme députtés du Parlement, elle leur fit l'honneur de leur parler en particulier. Cela leur donna subjet de luy dire quelque chose de l'heureuse naissance du Roy, de la bonne nourriture qu'elle luy vouloit donner et de la grande espérance qu'ils en avoient pour le bien de l'Etat. Ils se retirèrent avec cette satisfaction d'avoir reçeu beaucoup d'honneur pour le Parlement et pour eux.

» Leur commission fut exécutée dans le mois de juillet. Ils donnèrent avis à la cour de ce qui s'étoit passé et écrivirent des lettres qu'ils signèrent tous, auxquelles le dict Bourgneuf premier président joignit des lettres particulières adressantes aux présidents qui étoient en service. La cour leur fit l'honneur de leur écrire deux fois, et approuva leur conduite. Le dict Bourgneuf premier président a dit qu'il supplioit la cour de l'excuser, s'il n'étoit pas venu aussitôt que les présidents et conseillers avec lesquels il avoit été employé, que son indisposition l'en avoit empêché. Devant que de partir de Paris, il avoit eu l'honneur de voir le Roy et la Reyne. LL. MM. étoient grâces à Dieu en parfaite santé. Le Roy étoit si bien né, si advancé d'esprit et de corps et avoit tant de lumières et de cognaissances et tant de majesté et toutes ses actions étoient sy agréables, que l'on ne pouvoit le voir qu'avec admiration, avec amour et avec respect. Il avoit pris congé de la Reyne et reçu ses commandements et assuroit la compagnie de la part de S. M. de l'honneur de sa bienveillance et de sa protection pour le Parlement en général, et pour les particuliers du Parlement. »

Le président de Marbeuf protesta très-aigrement, et dit que les griefs contre la Meilleraye n'étaient qu'une manifestation de la haine du premier président, « lequel on sait n'être, non plus que tous ses parents ou alliés, porté de bonne volonté vers le dit maréchal », et qui veut mêler la compagnie à ces haines de famille.

Le président Fouquet au contraire, se fit l'interprète de la grande majorité du Parlement et adressa aux députés un remerciement « que l'approbation de la compagnie rend célèbre et honorable, et qui leur doict être plus agréable que toutes les paroles dont il se pouroit servir, pour louer la sagesse et l'affection avec lesquelles ils ont maintenu l'honneur du Parlement. »

Ce conflit eut encore une suite à la séance de février 1644, et qui tourna à l'avantage du premier président. Le président de Marbeuf avait fait en sorte que cette relation de l'ambassade à Paris ne fût pas portée sur le registre d'août 1643. La cour, toutes chambres assemblées, en ordonna l'insertion.

Joachim Descartes de Chavagne était monté à la Grand'chambre, lorsque cette chambre eut le ragout, assez rare en ce temps de difficile locomotion, d'entendre à sa barre un avocat du barreau de Toulouse. Il s'appelait Me Jean de Bareis et « faisoit pour Michel Querard, curateur du marquis de Mirepois qui avoit demandé a être oui par sa bouche » ce

9

qui lui fut accordé. Il plaidait sur une requête présentée par Mᵉ Pierre de Lombrail, conseiller au Parlement de Bordeaux, et avait pour adversaire Mᵉ François Rabeau, une des célébrités du barreau de Rennes.

Ce fut dans le même temps que le Parlement modifia les plans primitifs du palais, relativement aux couvertures.

Le 31 mars 1643, Mᵉ André Barrin, commissaire pour le bâtiment du palais, avait exposé qu'il « est à propos de pourvoir à quelque inconvénient, difformité et disproportion, qui se rencontreroit au dit batiment, en couverture d'icelui, à cause des derniers rehaussements de la dite couverture. » Une commission fut nommée le 15 avril.

La cour, après avoir entendu cette commission, qui a reconnu *oculairement* la « difformité qui seroit en la couverture d'icelui, s'il n'y étoit remédié par l'exhaussement des murailles, en forme de pavillons, selon le dessin qui en a été fait pour cet effet », commet Loisel président et Barrin conseiller, pour traiter tant de ce qui regardera la maçonnerie, que de ce qu'il faudra ajouter à la couverture.

L'année précédente, 28 avril 1642, la cour après avoir oui Tugal Caris, architecte du palais, Bonaventure Peletier, charpentier de Nantes et Nouel Gouery, charpentier de Rennes, avait chargé le nommé Maleteste, charpentier, des travaux de charpente, sous la direction de Peletier, architecte. C'est une modification à cette première charpente qui fut decrétée en 1643, et les curieux, en parcourant les combles, pourront se rendre compte de la forêt entière, que Messieurs mirent largement à la disposition de Maleteste.

La Fronde n'eût même pas un écho en Bretagne. Les grands seigneurs et le Parlement de Paris qui luttèrent contre Mazarin, laissèrent véritablement les bretons indifférents à cette lutte. Le Parlement resta royaliste, et voulait rester indépendant. Il prit quelques mesures préventives de police générale, qui suffirent à maintenir l'ordre dans la province. L'émotion de ces années, au sein du Parlement, se résuma dans une querelle toute ecclésiastique, dont je veux dire un mot.

L'Evêque de Rennes, agissant, non pas en qualité d'ordinaire, mais comme commissaire apostolique, avait frappé d'interdit les Franciscains, qui depuis si longues années, logeaient dans leur couvent, en attendant l'achèvement du palais, le Parlement de Bretagne. Je n'ai pas bien démêlé les motifs de cet interdit, que je crois purement disciplinaire. Le Parlement s'en émut. Le 21 mars 1644, le Procureur général, expose que « le prédicateur de l'église cathédrale a prêché séditieusement contre la puissance royale, et contre les priviléges et libertés de l'Eglise Gallicane au sujet des prétendus interdits ou suspenses, jetés par l'Evêque de Rennes et son grand vicaire sur l'église de Saint-François de Rennes et sur les religieux du dit couvent. Les présidents et conseillers, qui ont assisté à la dite prédication, ont pu observer qu'incontinent après la salutation angélique, le prédicateur avoit publié la continuation des interdits et suspenses, comme n'étant levés, par le défaut de juridiction, et a dit qu'il y falloit garder état, et après avoir traité le sujet de sa prédication, qui étoit sur les cinq conquêtes de Notre-Seigneur et son triomphe de Jerusalem, il avoit, sous prétexte de reprendre les procureurs, dit qu'ils differoient et retardoient les procès de leurs parties jusqu'à la fin des séances, pour après les faire précipiter et donner jugements étourdis. Puis il s'adressa aux officiers de la cour leur disant qu'ils achetoient leurs offices à un prix excessif, pour défendre ou protéger contre toute justice leurs parents et leurs familles, et rendre leurs crimes impunis. Et après avoir proféré plusieurs autres paroles scandaleuses contre les juges, sans sujet et hors de son évangile, il a fait tomber la conclusion de son discours sur les parallèles affectés de la puissance royale et de la puissance ecclésiastique. Il a dit que la juridiction des évêques étoit d'autant plus considérable que les rois n'avoient pouvoir que sur les corps et sur les biens, et les évêques sur les âmes, qui étoient plus nobles que les corps et les biens ; que les rois avoient été excommuniés, et que les pontifes ne l'avoient jamais été ; que Notre Seigneur Jesus-Christ n'avoit point prêché contre les pontifes, mais bien contre les rois, ayant dit à Hérode qu'il étoit un renard. Elevant la parole, il ajouta avec véhémence : Oui ! l'autorité des évêques est plus grande que celle des rois ! et plusieurs autres paroles injurieuses et offensives contre le bien de l'Etat, l'autorité du Roy et de la justice, qui ressentent encore les damnables maximes de Marianna et de Santarellas, et qui sont d'autant plus périlleuses qu'elles sont avancées pendant la minorité du Roi, duquel temps se sont voulu servir ceux qui ont entrepris contre la puissance royale et sur les privilèges ou libertés de l'Eglise Gallicane. — La cour faisant droit sur la dite remontrance, après que les faits eurent été attestés par nombre de présidents et de conseillers qui avoient assisté au sermon de la veille (20 du courant) a déclaré et déclare les dits propos scandaleux, préjudiciables à l'autorité du Roi et de la justice, tendant à la sédition et émotion; fait défense à tous prédicateurs de tenir en leurs sermons telles ou semblables paroles, ni traiter en rien de la puissance royale et ecclésiastique, ni publier aucune chose contre les magistrats, qui puisse apporter au peuple mépris et scandale, à peine d'être procédé contre eux comme perturbateurs du repos public. — Ordonne que le recteur du collége des Jésuites sera mandé à la cour demain, à sept heures du matin, pour être ouï sur l'adveu ou le désadveu des points traités en la dite prédication par Frère Marie, du dit ordre. »

Le lendemain, les deux Descartes, élèves des Jésuites, étant absents, le P. Recteur vint dire « qu'il n'avoit approuvé le procédé du dit prédicateur et qu'il n'avoit attendu le mandement de la cour; mais étoit allé au-devant, pour témoigner à chacun des présidents et conseillers d'icelle en particulier, le regret qu'il avoit de ce procédé, et que son sentiment étoit qu'il ne falloit faire comparaison des puissances, et ne parler de l'autorité des Parlements qu'avec le respect qui leur est dû. »

Le mercredi 25 mai, la cour toutes chambres réunies, les deux Descartes présents, fit mander le trésorier et le chantre du chapitre de Rennes et le premier président leur demanda quel était l'ordre qu'ils se proposaient de suivre à la procession du sacre, et si conformément aux arrêts de la cour il souffriraient que les Cordeliers assistassent à la procession. Les chanoines répondirent qu'ils savoient l'honneur et le respect qu'ils devoient à la cour, mais qu'ils avoient reçu une ordonnance sous le petit cachet du Roi, qui fait défense aux Cordeliers d'assister à la procession, et une ordonnance de l'Evêque de Rennes, qui défend aussi aux chanoines de les y souffrir, à peine de suspense *ipso facto*. Cette ordonnance a été transcrite sur les registres du chapitre, qui a arrêté de s'y conformer et de se retirer, au cas que les Cordeliers se trouvassent à la procession. Sur ce, la cour arrêta de son côté, qu'elle n'assisterait pas à la procession.

Le conflit dura tout le reste de l'année; mais le 22 mars 1645, le maréchal de la Meilleraye entre à la cour et montre les lettres qu'il a reçues du Roi, lui enjoignant de faire sortir de gré ou de force les Cordeliers de Rennes de leur couvent. Le maréchal supplie la cour d'user de son influence, pour faire sortir pacifiquement les moines, ses voisins et ses hôtes, et expose les inconvénients d'une arrivée de troupes à Rennes pour l'exécution des ordres du Roi ; car il craint une émotion populaire, les Cordeliers étant fort aimés à Rennes, et il ne veut pas commettre ses gardes et ses gentilshommes dans un conflit. La cour, en se réservant de faire des remontrances au Roi, cède, et « pour éviter à plus grands inconvénients, ordonne conformément aux ordres absolus du Roy que les religieux cordeliers étant à présent au couvent de Rennes, quitteroient le dit couvent, avec défense à toutes personnes d'empêcher l'exécutiou des volontés du Roy, sous peine d'être procédé contre eux suivant les ordonnances. » Le Duc de la Tremouille, venu à la cour pour un procès personnel, était au bureau parmi les conseillers.

Au mois de juillet 1644 René Descartes fit son avant dernier voyage en Bretagne. Je cite Baillet sans commentaires : — « Le 15 juillet 1644, dans un autre voyage en France, il vint de Tours à Nantes, où il ne trouva aucun membre de sa famille ; c'est ce qui le fit se rendre à Rennes, où il vit ses deux frères conseillers au Parlement, l'aîné qui étoit M. de la Bretallière, l'autre du second lit qui étoit M. de Chavagnes. Il partit avec eux le 29 de juillet pour aller au Crevy à douze lieues de Rennes chez M. Rogier leur beau-frère, seigneur du lieu, qui étoit veuf de la sœur ainée de notre philosophe (Jeanne), et garde noble des deux enfants qu'elle lui avoit laissés. Toute la famille s'y étant rassemblée, hormis une sœur qui était Madame Du Bois d'Avaugour puînée de M. de Chavagnes (Anne) et qui demeuroit auprès de Nantes, on travailla conjointement à l'accomodement des affaires domestiques qui faisoient l'objet du voyage de notre philosophe en France.

« M. Descartes du Perron (c'est ainsi qu'il faut nommer notre philosophe tant qu'il sera dans son pays et parmi sa parenté, pour le distinguer de son aîné) étoit à Kerleau le 14 d'août où il passa quelques contrats avec ses frères. Il aimoit véritablement ses proches et il avoit certainement plus d'indifférence qu'eux pour la possession des biens, du partage desquels il s'agissoit entre eux. C'est ce qui le porta à leur faire terminer les affaires plus promptement qu'il n'auroit dû ; s'il y avoit cherché son avantage. Il en écrivit le 18 août à l'abbé Picot et manda à cet abbé qu'il avoit par la grâce de Dieu expédié la principale affaire qu'il eût en ce pays là, non pas à la vérité si bien qu'il auroit pu désirer, mais mieux sans doute que s'il avoit été obligé de plaider.

« Ce fut au Crevy qu'il apprit que les exemplaires imprimés de ses *Principes* étoient arrivés de Hollande à Paris. Il demeura au Crevy jusqu'à la fête de Saint-Louis, sans pouvoir vaquer à autre chose qu'aux visites de la noblesse voisine et aux honnêtes passe-temps que lui procuroient Messieurs Rogier père et fils. Il fallut ensuite aller à Chavagnes, au territoire de Nantes pour satisfaire le seigneur du lieu, qui l'y retint plus longtemps qu'il n'auroit souhaité, dans des amusements semblables à ceux dont on l'avoit diverti au Crevy. Il écrivit de Chavagnes le 11 septembre à l'abbé Picot..... Il partit le jeudi suivant pour aller en Poitou après avoir acquitté les visites qu'il avoit à rendre dans la ville de Nantes aux personnes les plus qualifiées. Au sortir d'Angers se trouvant dans la paroisse de Saint-Mathurin, sur le point de passer la Loire, il fit venir un notaire, M° René Marion, de la ville de Beaufort et passa une procuration nouvelle à M. du Bouëxic de la Ville-Neuve, le 19 septembre, pour pouvoir vendre et aliéner tous les contrats de constitution de rentes qui lui etoient dues par la cession de M. de la Bretallière son frère aîné. »

Descartes revint pour la dernière fois en Bretagne, à la fin de juin 1647, avec l'abbé Picot. Ce voyage ne fut pas de longue durée. Il termina le règlement de toutes ses affaires de famille, à Rennes, le 26 juillet 1647, et se hâta de quitter la France, pour n'y plus revenir, si ce n'est pour quelques jours et à Paris seulement, en mai 1648. On était alors en pleine Fronde ; René Descartes qui avait pris pour devise : *qui bene latuit, bene vixit*, se sauva avec empressement du tumulte de la guerre civile, et vint mourir à Stockholm le 11 février 1650.

IX.

Au commencement de l'année 1648, se produisit à la Grand'chambre, un procès pour François Chohan, le fils probablement de Louis Chohan, et le neveu de Pierre Descartes, qui se déporta.

« Le 15 mai, après que Maistre Pierre Descartes et Joachim Descartes se sont retirés, ont été vues, chambres assemblées, les lettres de provision d'un office de conseiller en la cour, obtenues par Maistre Joachim Descartes, sur la résignation de Maistre Pierre Descartes conseiller, son père. Requête du dit Descartes fils, afin d'être reçu au dit office de conseiller non originaire, et oui en la dite Cour le dict Descartes conseiller, le père, qui a dit que son dit office de conseiller qu'il exerce est non originaire, et que ça été par erreur que la dite origine n'a pas été exprimée dans les provisions de son fils, s'étant retiré et sur ce délibéré, a été arrêté que les dictes lettres seront communiquées au Procureur général du Roy, et qu'à l'advenir il ne sera délibéré sur les provisions des offices de présidents et conseillers et gens du Roy, que l'origine des dits offices ne soit exprimée aux dites lettres ; et les conclusions du dit Procureur général vues, la cour a commis Mᵉ André Barrin conseiller pour informer des vie, mœurs, âge, religion catholique, apostolique et romaine du dit Descartes.

« Ont été vues, chambres assemblées, les lettres patentes du Roy données à Paris au mois de janvier 1648, signées Louis, et plus bas par le Roy, la Reyne régente sa mère, présente, Phelippeaux, et scellées du grand sceau de cire jaune, obtenues par M⁰ Pierre Descartes conseiller, par lesquelles le dict Seigneur Roy lui permet la continuation de l'exercice de son dit office de conseiller pour cinq années, nonobstant la résignation qu'il en a faite en faveur de Maître Joachim Descartes, son fils, et sa requête à ce que les dites lettres eussent été enregistrées, sur laquelle a été arrêté que les dites lettres soient communiquées au Procureur général du Roy.

« 22 mai. Information faite, il est baillé loi à Joachim Descartes, fils de Pierre, et lui est advenue à l'ouverture du livre la loi seconde au code : *si aliena res pignori data sit.* »

Le 30 mai il fut reçu, « à la charge des lettres obtenues par M. Pierre Descartes son père (cinq années d'attermoiement) et sans approbation de la clause portée par les dites lettres de provisions, pour le service en même chambre du dict Descartes avec M⁰ Joachim Descartes conseiller son oncle, ni aux chambres assemblées, et a prêté serment. »

A peine avait-il régularisé la situation de son fils Joachim III que Pierre trouva moyen d'anticiper l'époque où ce fils viendrait s'asseoir sur les bancs de la cour, en traitant pour son compte personnel d'une autre charge vacante par la résignation de M⁰ Nicolas Le Vasseur. Le Parlement, qui voyait d'un œil jaloux les offices se multiplier ainsi dans les mêmes familles, et pour lequel c'était souvent un inconvénient sérieux, les proches parents ne pouvant siéger ensemble, rejeta par son arrêt du 11 septembre 1649, la demande d'enregistrement des lettres de provision, et ordonna qu'elles seraient remises à l'impétrant. Pierre Descartes ne se déconcerta pas : il avait à Paris, par les Ferrand et leurs alliés, un point d'appui sérieux, et le 12 février 1650, au semestre dont il faisait partie, il présenta les « lettres patentes du Roi en forme de jussion données à Paris le 10 janvier 1650, signées Louis, et plus bas par le Roy, la Reyne sa mère régente présente, Phelipeaux, et scellées du grand sceau de cire jaune, obtenues par le dit Descartes conseiller : par lesquelles le dit Seigneur Roy enjoint à la cour qu'elle ait à faire jouir l'exposant de l'effet des provisions du dit office de conseiller ci-devant possédé par M⁶ Nicolas Le Vasseur, et lui garder le rang de réception dans l'office qu'il a résigné à M⁶ Joachim Descartes son fils, nonobstant le dit arrêt du 11⁶ de septembre, et toutes autres difficultés cessantes. Enjoint à son Procureur général de tenir la main à l'exécution des dites lettres. Vu les conclusions du dit Procureur général ensemble autre requête du dit Descartes, à ce qu'en conséquence de la déclaration qu'il fait de ne résigner ci-après le dit office de conseiller duquel il est pourvu sur la résignation du dit Le Vasseur à autres de ses enfants, ni à personne qu'à un non originaire de la province, il eût été reçu à l'exercice de la dite charge : et sur ce délibéré, a été arrêté ayant égard à la requête du dit Descartes conseiller que les dites lettres seront enregistrées au greffe pour en jouir l'impétrant bien et dûment suivant la volonté du Roy ; à la charge que suivant sa déclaration, il ne pourra résigner sa charge de conseiller à aucun de ses enfants, ni à autre qu'à un non originaire de la province, et que le dit Descartes fils changera de semestre, et jusque l'avoir fait, ne pourra prendre place en la dite cour. »

La permutation se fit le 12 mars, avec Me Gilles Martin, qui vint servir en la séance de février, et céda sa place dans la séance d'août à Joachim Descartes de Kerleau, avec la réserve que le dit Joachim pourrait revenir à la séance de février, lorsque son père ou son oncle l'auroit quittée ; ce qui lui fut accordé pour dix années entières.

Dans les derniers mois de l'année 1651, le Parlement eut son accès de Fronde. Aux Etats de Nantes de cette année, un conflit s'était élevé entre plusieurs membres de la noblesse et le maréchal de la Meilleraye ; le maréchal avait tranché dans le vif, et constitué les Etats en dehors des protestations, qui vinrent se produire au Parlement. Celui-ci dès le mois de mars 1651 avait hautement applaudi à la réhabilitation des princes de Condé et de Conti et du duc de Longueville, et avait rendu, à la date du 22 mars, un arrêt par lequel « le Roy et la Dame Reyne régente sa mère, sont très humblement remerciés de la liberté des princes de Condé, de Conti, et duc de Longueville, et de l'éloignement sans espérance de retour du cardinal Mazarin, auteur de leur détention et perturbateur du repos public : à lui enjoint de sortir du Royaume ; fait défense à tous gouverneurs, capitaines de places, maires, échevins et communautés, de le recevoir et lui donner retraite, à ses parents et domestiques étrangers, sous peine de la vie, et en cas de contravention permet de leur courir sus. Ordonne que Leurs Majestés seront très humblement suppliées exclure à l'advenir des conseils du Roy tous étrangers quoique naturalisés, et d'en faire expédier lettres de déclaration. Sera le présent arrêt lu et publié en l'audience, affiché et publié à son de trompe et cry public par tous les carrefours de cette ville : et le dit arrêt et copie des dites lettres, envoyés aux siéges présidiaux et royaux de ce ressort, pour y être pareillement lus et publiés à la diligence des substituts du Procureur général du Roy. — Enjoint à tous les sujets du Roy de tenir la main à l'exécution du dit arrêt. »

Il accueillit donc avec faveur les requêtes de Henry Chabot, duc de Rohan, et des autres gentilshommes, qui protestaient contre les agissements du duc de Vendôme et du maréchal de la Meilleraye ; et après plusieurs arrêts, pour ainsi dire préparatoires, rendit à la date du 17 octobre, un arrêt par lequel la cour délègue Gabriel Freslon président, François Grimaudet et François du Halgoët, pour « informer le Roy des troubles et violences apportés à l'exécution des arrêts du conseil et de la dite cour, et à la liberté des Etats de cette province ; que S. M. sera très humblement suppliée de maintenir et conserver la liberté des dits Etats, et de les transférer en la présente année, et les convoquer à l'avenir, ailleurs qu'aux villes de Nantes et Hennebond, et autres villes où il y a chateaux et forteresses ; déclare l'assemblée des Etats faite en la dite ville de Nantes, nulle, casse et annulle toutes les délibérations qui y ont été faites comme faites par attentat à l'autorité du Roy, des dits arrêts, et par violence ; fait défense à toute personne de continuer la dite assemblée. Enjoint et fait commandement aux ecclésiastiques, gentils hommes et députés du tiers-état, qui sont présentement en la ville de Nantes pour la tenue des dits Etats de désemparer incontinent après la publication du présent arrêt, aux chapitres et communautés de cette province de rapeler leurs députés, a peine d'être procédé contre eux par les voies de rigueur. »

Le 30 octobre la Cour vit revenir en assez piteux équipage, un huissier du nom de Palasne, qu'elle avait envoyé à Nantes, pour notifier ses premiers arrêts, et notamment celui du 5 octobre. Palasne raconta comme quoi il s'était rendu à Nantes pour signifier cet arrêt au Sénéchal, au substitut du Procureur général et au greffier. Il partit de Rennes le 19 et arrivé à Nantes, le 20, il alla prendre son logement chez le nommé Raguedeau, « hote au dit Nantes, qui lui donna une chambre chez un sien voisin, attendu le grand nombre de personnes qui étoient logées chez lui. Environ les onze heures du soir, étant couché avec le nommé Kergrois, entra dans sa chambre le nommé de Beaulieu, lieutenant des gardes du Sieur maréchal de la Meilleraye, le sommant de la part du maréchal de l'aller trouver en sa maison proche le chateau. A quoi ayant obéi M. de la Meilleraye lui demanda le sujet de sa commission. » Palasne lui fit voir l'arrêt qu'il était chargé de notifier. Le maréchal demanda s'il n'avait pas autre chose. L'huissier répondit qu'il avait un autre arrêt à notifier au geôlier du Bouffay, et rien de plus ; le maréchal lui répondit « qu'il eut bien pu voir le chateau » et en même temps commanda au major de l'y conduire tout aussitôt. Notre huissier y passa toute la nuit, et la matinée du lendemain, 21 du dit mois, jusqu'à midi qu'un sergent « l'alla trouver en la chambre où il étoit et le conduisit en une autre où, après lui avoir servi à dîner, il l'enferma, et emporta son épée. Le major du chateau le vint visiter sur les sept à huit heures du soir. Palasne lui demanda s'il eut pu entendre la messe, le lendemain, jour de dimanche. Le major répondit qu'il alloit en referer au maréchal; et, le dimanche matin, sur les dix heures, un caporal qui étoit de garde, le conduisit à la chapelle du chateau, où il entendit la messe. » Après l'office, on le ramena dans sa chambre « où il lui fut servi toutes sortes de bons vivres, sans toutefois qu'il put parler à personne. » Sur les onze heures du soir « le sieur de Chalucet, accompagné du major et de quelques officiers du chateau le vint trouver, et lui dit qu'il se fut tenu prêt à sortir de Nantes, le lendemain à quatre heures du matin, et qu'à cette fin, il lui donnat mémoire des hardes qu'il avoit laissées en son hôtellerie : ce qu'ayant fait, elles lui furent rapportées peu de temps après par Raguideau. Et, sur ce qu'il dit à Chalucet, qu'il seroit blâmé par la cour, s'il n'exécutoit pas sa commission, Chalucet répondit qu'il alloit le demander au maréchal » : Après avoir pris les ordres du maréchal, Chalucet envoya un garde chercher le greffier de Nantes pour qu'il vint recevoir la copie de l'arrêt au chateau. Le greffier était allé passer son dimanche à la campagne, de sorte que le malheureux huissier ne put notifier son arrêt à âme vivante. « Et le lendemain matin, quatre gardes du maréchal étant allé trouver le dit Palasne, le firent monter à cheval et le conduisirent par le faubourg Saint-Clément jusques à une demie lieu sur le chemin de cette ville de Rennes, où ils lui donnèrent ordre de retourner. »

Le président et les conseillers délégués vers le Roi, ne furent pas plus heureux que l'huissier Palasne. Ils firent rapport le 17 novembre ; leur députation avait complètement échoué. On leur avait répondu que l'on verrait plus tard les protestations du duc de Rohan et des gentils hommes ; mais que pour le moment on avait absolument besoin d'argent, et que les Etats de Nantes suffisant à asseoir l'impôt, on ne les retarderait pas autrement. — Messire Pierre Bonnier président remercia les députés et leur dit de la part de la cour, « qu'on ne peut assez louer ce qu'ils ont fait pour la défense et la liberté de la province, d'avoir si dignement fait connaître l'obligation et nécessité qu'à eu le Parlement d'empêcher de répandre le sang de la Noblesse, passer la querelle du particulier au public, et envelopper les sujets du Roy dans une ruine inévitable. »

Au mois de décembre, Mazarin revenait au pouvoir ; Condé, Conti, Longueville, Nemours, La Rochefoucault, se révoltaient de nouveau. Le Parlement de Rennes maintenait ses arrêts antérieurs, et blâmait l'évêque de Rennes, qu'il sommait de venir, derrière le bureau, rendre raison des discours tenus par lui contre l'honneur de la cour.

Au 26 février 1652, la cour, rappelant encore les arrêts qui portaient défense de visiter le maréchal venant en cette ville, et de délibérer en sa présence s'il prenait l'entrée de la cour, prenait une « nouvelle délibération, qui par grande et prudente considération, fut alors délibéré ne devoir être écrite. »

Le maréchal de la Meilleraye fit son entrée à la cour le 6 mai 1652. Il dit qu' « il étoit venu savoir s'il n'étoit pas l'echopement, si sa personne n'apportoit pas obstacle et retardement à l'assemblée. Le sieur de Bourgneuf premier président a répondu que sa présence y contribuoit quelque chose, qu'il y avoit encore des remontrances à faire au Roy ; que le dit sieur de la Meilleraye avoit employé à Nantes l'adresse de son esprit, l'autorité de sa charge et la force pour empêcher l'exécution d'un arrêt de la cour ; que les gouverneurs et lieutenants de Roy doivent tenir la main à l'exécution des arrêts ; qu'il a été arrêté que ledit Lieutenant général venant en cette ville, ne seroit visité d'aucun des officiers de la cour ; et s'il entroit au palais, il ne se feroit aucune délibération en sa présence. » Pendant quinze jours entiers le maréchal se présenta à la cour ; pendant quinze jours le Parlement se maintenant en séance solennelle, tous semestres réunis, refusa de délibérer devant le maréchal.

Je veux relever quelques traits piquants de ces interminables conflits :

Au début, le 6 mai, le maréchal dit que l'arrêt que l'on invoquait et qu'il n'avait pas vu, était « un arrêt du dit sieur de Bourgneuf premier président, et qu'ils passassent tous deux derrière le bureau. — Le dit premier président répondit que c'est un arrêt de la cour ; qu'il ne fait pas seul les arrêts, qu'il ne passe pas derrière le bureau. »

Le 8 mai le maréchal dit « qu'il importoit au service du Roy qu'il y eût bonne intelligence entre ceux qui ont l'autorité dans la province. M. le premier président dit qu'il est du service du Roy et du bien de la province que les arrêts de la cour soient exécutés et le Parlement maintenu dans l'autorité que les Roys lui ont donnée, et qu'il ne faut pas que l'exécution des arrêts dépende d'un lieutenant de Roy. »

Le 13 mai, le premier président dit au maréchal que cette assiduité très insolite « étoit la preuve qu'il vouloit apporter retardement à la justice. Le maréchal répond qu'il n'entend pas troubler la justice. Le premier président dit qu'il la retardoit, et que si cette assiduité qu'il rendoit ici et cette conduite duroit trop longtemps, la compagnie pourroit être en telle disposition qu'elle se rendroit obligée de lui faire connaître en cela son sentiment, et pour cela il faudroit délibérer, et délibérer sans lui. » — Le sieur maréchal a dit que « si on vouloit promettre de n'assembler point les chambres jusqu'à ce qu'il eut reçu des nouvelles de la Cour, où il a envoyé, qu'il n'entreroit plus au palais. » Le premier président lui répondit « que la cour ne capituloit point, et qu'elle se rassembleroit toutes les fois qu'il seroit à propos. » Le maréchal répliqua « qu'il ne se mêloit point du fait de la justice. » Le dit de Bourgneuf réplique que « les présidents et conseillers ne se vouloient point mêler de la guerre, ni prendre soin de l'artillerie ; mais qu'ils vouloient exécuter les arrêts et maintenir l'honneur et l'autorité de la Compagnie — et la cour s'est levée. » Cela devenait une vraie Fronde locale. — Le maréchal venait tous les jours ; et tous les jours, à son entrée, la cour levait la séance. Le 17 mai, le maréchal dit « qu'il attendoit que la cour parlât, et que jusqu'à cette heure, il n'avoit oui parler que le premier président. M. de Bourgneuf répondit que la cour ne délibéroit pas en sa présence, et que si cinquante personnes parloient ensemble, ce seroit un grand désordre et qu'on ne s'entendroit pas. — Le maréchal en terminant dit qu'il « n'avoit rien à ajouter à ce qu'il avoit dit les jours derniers. La cour, sur l'interpellation du premier président, se leva. »

Le 18, le premier président, chambres et semestres assemblés, a dit que « parlant tous les jours sur un même sujet on disoit toujours la même chose ; qu'il y avoit des affaires importantes, (en s'adressant au maréchal, toujours présent,) que la compagnie ne délibereroit pas en sa présence ; qu'elle avoit a délibérer, et qu'il lui empêchoit — Le maréchal répondit que l'arrêt que l'on invoquoit sans cesse n'étoit pas écrit, et ne lui avoit pas été notifié ; le premier président répondoit que si ç'avoit été un arrêt à exécuter au dehors, il eut bien fallu l'écrire ; que la cour se fait elle même l'exécutrice de ses arrêts, et qu'elle exécutoit celui là, en refusant de délibérer en sa présence. Le maréchal dit encore qu'il attendroit les ordres du Roy. M. de Bourgneuf répliqua que la cour ordonnoit, la cour en joignoit et faisoit défense quand elle le jugeoit à propos ; qu'elle avoit cette autorité, et que tout ce qui étoit en Bretagne, sauf le Roy, étoit moins que le Parlement. Il n'y avoit pas dans la province d'autorité qui ne soit au dessous de celle que les Roys ont donnée au Parlement — Le Maréchal répéta qu'il attendoit les ordres du Roy et qu'il les exécuteroit hautement. Le Président répondit que cette hautesse n'épouvantoit pas une cour souveraine. Il servoit le Roy avec son épée ; la cour le servoit par ses conseils, par ses arrêts. »

Le 23 mai, le premier président communiqua une lettre du Roi « à l'effet que le maréchal de la Meilleraye ne soit pas exclus plus longtemps de la compagnie et qu'il y ait bonne intelligence entre ceux auxquels S. M. confie son autorité dans la province, au Parlement pour la justice, au Sieur maréchal pour les armes. »

Le maréchal était présent à la lecture de cette lettre. Il ne dit rien, et la cour s'ajourna au lundi, pour en délibérer. Mais dès le lendemain, le vendredi 24 mai, le maréchal prit les devants et dit « qu'il avoit aussi à parler de la part de Sa Majesté ; qu'il désiroit bien vivre avec la compagnie ; qu'il souhaitoit la paix et la bonne intelligence pour le service du Roy, et le bien de la province. » Le premier président répondit « que ce qu'il témoignoit à la compagnie de la bonne disposition en laquelle il étoit et du désir qu'il avoit de vivre en paix et en bonne intelligence avec le Parlement étoit bien considérable, et que c'étoit par là qu'il falloit commencer. »

Le lundi 27 mai, le maréchal débuta par recuser verbalement une douzaine de conseillers, chose assez bizarre, parce que lui, maréchal, « les avoit tracassés soit personnellement, soit dans leur famille, pendant les troubles. » Le président Christophe Fouquet objecta que ces recusations « n'étoient pas faites dans la forme c'est-à-dire par écrit : qu'il n'étoit pas possible qu'un Gouverneur ou Lieutenant de Roi pût faire sortir les conseillers et présidents de leurs places, sous prétexte de recusations verbales, et réduire par ce moyen la compagnie au nombre qu'ils jugeroient devoir être favorable aux desseins qu'ils pourroient avoir — Si quelqu'un devoit s'abstenir, ce seroient les présidents et conseillers, qui au préjudice de l'arrêt du Parlement, étoient allés visiter le maréchal. — La cour décida que tous les présidents et conseillers assisteroient à la délibération, comme étant affaire de discipline. »

Le 18 mai, le maréchal renouvela sa protestation de désirer « bien vivre avec la compagnie et rendre au Parlement ce qui se pouvoit. » — Le premier président prit acte de ses paroles conciliantes, et le maréchal s'étant retiré, la délibération commença. Elle ne fut interrompue que pour assister à la procession du Sacre et dura jusqu'au mercredi 5 juin — La cour suivant les ordres du Roi, admit le lieutenant général à assister et opiner à ses délibérations comme par le passé; mais en remerciant le premier président « de sa prudence et sage conduite et d'avoir si dignement maintenu l'honneur et la dignité de la cour durant l'assemblée des semestres. » Le Roi donna complètement raison à la cour. Le 25 juin il expédia de Malines des lettres de cachet par lesquelles S. M. mande à la cour « qu'elle écoute volontiers les remontrances de ses Parlements. La liberté de faire entendre à Sa Majesté ce qui est du bien général et les abus qui peuvent avoir été commis ne leur fût jamais interdite, et comme les Rois ses prédécesseurs l'ont attribuée à la dite cour elle peut être assurée que S. M. ne la lui diminuera pas. » — « Cette lettre, qui sera insérée aux registres du Parlement, sera temoin à la postérité de la fidélité qu'il a eue au service de S. M. et de la parfaite confiance qu'elle a au dit Parlement, qui s'en conserve l'avantage et la gloire que leurs prédécesseurs avoient mérités de ne pouvoir être surpris par l'emportement des autres, de faire paroître leur zèle et leur prudence, et d'avoir acquis la bienveillance, de laquelle en toute rencontre S. M. lui donnera des marques. »

Après cette lutte si énergiquement soutenue par le Parlement pour maintenir la liberté des Etats et les privilèges de la vieille représentation nationale, il est assez étrange d'avoir à constater un heurt avec les Etats eux mêmes, à propos d'une simple question d'étiquette. Cette question d'étiquette, à laquelle le formalisme autoritaire de Louis XIV allait donner bientôt une importance si excessive, prévalait déjà dans tous les corps constitués. Je cite, par forme d'introduction, cette verte réprimande adressée le 13 juin 1653 par la cour à ses propres huissiers :

« La cour ayant vu que les huissiers d'icelle, marchant hier à la procession du Sacre, n'avoient point de baguettes, fors Boulogne, pour la faute commise par les dits huissiers de la cour et des requêtes; fors Boulogne, la cour les a condamnés en vingt livres d'aumône aux pauvres de la Santé, leur fait défense de tomber en pareille faute, à peine d'interdiction de leurs charges et autre plus grande peine s'il y échet ; ordonne qu'ils seront mandés en la dite cour pour leur être le dit arrêt prononcé. »

Je reviens aux Etats. C'était le 29 octobre 1653. Joachim Descartes de Kerleau faisait seul, on s'en souvient, partie du semestre d'août : son père et son oncle Joachim Descartes de Chavagne, siégeaient au semestre de février. Donc, le 29 octobre, le procureur général donna lecture d'un billet qu'il venait de recevoir des mains du syndic des Etats, et qui était ainsi conçu :

« M. le procureur général syndic, ira trouver M. le président de la séance pour lui donner avis de la députation de MM. des Etats, de leur arrivée et du dessein qu'ils ont d'entrer dans le Parlement, pour être ouïs sur leur créance de la part des Etats. Et, sur la réponse qui lui sera donnée, demandera place honorable, et n'en acceptera qu'en dedans du parquet, en l'un des quatre bancs du dit parquet, où MM. les députés siégeront seuls, sans être divisés ; et, en cas qu'on voulût leur donner une place moins honorable, ils déclarent à mondit sieur le président que MM. les députés n'en peuvent accepter d'autres. Et, sur le refus, MM. les députés sont chargés de se retirer. Il fera connoître à M. le président que MM. de la noblesse entreront en ce rencontre l'épée à leur côté, et que MM. les députés des Etats feront marcher devant eux, du lieu où ils partiront, le héraut des Etats avec ses habits et marques ordinaires, jusques à la porte de la Grand'Chambre. — Le dit billet, signé : Henri de la Motte, évêque de Rennes ; Henri de la Trimouille ; Eustache de Lys. »—La cour, chambres assemblées, a arrêté qu'il sera dit par le greffier au syndic des Etats étant au parquet, que « la cour permet l'entrée en icelle aux députés des dits Etats, en la manière accoutumée ; ou si, les dits députés demandent à conférer, qu'elle commettra deux présidents et six conseillers pour conférer avec eux, aux logis de messire Pierre Bonnier, président. »

Les Etats se retirèrent.

Le 27 avril 1654, se produisit une réclamation qui démontre l'importance de la marine bretonne, et spécialement des armements destinés à la pêche de la morue, dès le commencement du xviie siècle. Le Procureur général exposa que trente ou quarante navires étaient partis de Saint-Malo pour se rendre à Terre-Neuve, *laquelle pêche a toujours été libre entre toutes les nations;* quatre grandes frégates anglaises, armées de quarante à cinquante pièces de canon, prévenues à Jersey par les Anglais, qui sont nombreux à Saint-Malo, allèrent attendre la flotille malouine au passage, en coulèrent une partie, en prirent une autre, et mirent le reste en déroute. Les Malouins veulent se venger sur les Anglais, établis à Saint-Malo, et être autorisés à s'emparer de leurs biens. La cour délègue un de ses membres, M⁰ de Kéraly, pour en informer, et permet aux bourgeois de saisir, arrêter, à leurs risques et fortunes, les biens des Anglais résidant à St-Malo.

Au mois de juin de cette même année, 1654, il y eut des troubles assez sérieux dans la ville de Rennes, toujours peu sympathique aux Protestants, et que ceux-ci avaient irritée par leur attitude pendant la procession de la Fête-Dieu, qui eut lieu le 4 juin. Voici comment le procureur syndic des bourgeois exposa l'affaire à la cour, le 25 juin :

« Le tumulte et incendie du temple de ceux de la religion prétendue reformée, arrivé dimanche dernier, a eu pour auteur quelques écoliers et habitants. Il avoit été chargé par la Communauté de visiter les présidents de la cour et les gens du Roi, pour les supplier d'informer la cour des bruits et rumeurs du peuple irrité, de l'irrévérence commise le jour de la procession du Saint-Sacrement, par quelqu'un étant dans la maison d'un appelé Hamonnet, qui est de la religion prétendue reformée, dont il n'a encore été fait justice, donnant appréhension de quelque désordre. Le lieutenant et les connestables de la ville se transportèrent le dit jour du dimanche, ainsi qu'ils avoient fait le dimanche précédent, au carrefour de la Porte de Toussaints, qui est le chemin ordinaire de ceux de la religion reformée pour aller au prêche, où ayant trouvé plusieurs personnes entrant et sortant de l'église de Toussaints, et plusieurs autres arrêtés au dit carrefour, ils les avertirent de se retirer ; à quoi chacun paraissoit disposé, lorsque le marquis de la Moussaye, faisant profession de la dite religion prétendue reformée, parut avec vingt ou trente cavaliers, les pistolets aux arçons de leurs selles, suivis de plusieurs laquais, armés d'espées et de bâtons, ce qui sembla émouvoir les esprits. Et le dit de la Moussaye, avec sa compagnie, ayant fait contenance de tourner sur ceux qui s'assembloient, il fut lors jeté quelques pierres, dont néanmoins le dit de la Moussaye ne fut offensé : les dits lieutenant, connestables et syndic s'étant toujours tenus près d'eux, les conviant de continuer leur chemin et commandant au peuple de se retirer, auquel temps le carrosse où étoit la marquise de la Moussaye, qui suivoit, passa sans recevoir aucun déplaisir. Mais au bruit de quelques coups de pistolet dont l'un (ainsi qu'il fut rapporté en la dite Communauté), fut tiré par un des cavaliers qui avoient sorti de la ville avec le dit de la Moussaye, lequel cavalier poussa son cheval jusque dans la rivière qui, de ce côté, sert de fossé à la ville, pour tirer à quelques écoliers, qui jetèrent des pierres de dessus les remparts ; l'émotion se fit grande et telle qu'appréhendant de ne pouvoir retenir le peuple, les dits lieutenant, connestables et syndic jugèrent à propos de donner avis à ceux qui étoient allés au prêche de se retirer, ce qu'ils eurent le loisir de faire, en sorte qu'aucun d'eux n'a reçu de déplaisir. Sur ce qui leur fut rapporté que le feu avoit été mis en divers endroits du temple, tellement qu'il étoit impossible de l'éteindre, ils allèrent trouver messire Henri de Bourgneuf, premier président, où se trouvèrent à l'instant plusieurs présidents et conseillers, desquels ils reçurent les ordres, et continuèrent le reste du jour les dits lieutenant, connestables et syndic, d'aller par les rues, où tous les habitants parurent sans émotion, et avec déplaisir du dit incendie. »

La Communauté s'excusa de ce désordre, et dit qu'elle avoit prié M. de la Moussaye de s'abstenir d'aller au prêche, jusqu'à ce que la justice eut statué sur l'irrévérence commise le jour de la Fête-Dieu.

La cour commit deux conseillers pour informer à la fois « des crimes commis à la procession et de l'incendie du temple de ceux de la religion prétendue reformée, et du fait du port d'armes et assemblées, tendant à tumulte et sédition. »

Les suites de cette affaire sont sans grand intérêt: On rebâtit, aux frais de la Communauté de ville, le temple incendié, qui fut réouvert, non sans une petite émeute, où figurèrent encore les écoliers, en 1663, et qui dura jusqu'au jour où il fut incendié de nouveau, lors des troubles de 1675.

Ce fut le dernier arrêt auquel prit part P. Descartes.

Il communiqua, à l'audience du 7 juillet 1654, les lettres en vertu desquelles il était autorisé par le Roi à céder sa charge à Me François Fouquet, fils du président Christophe Fouquet, allié de sa famille.

François Fouquet prit place, le 21 juillet. Le même jour, Joachim Descartes de Kerleau, présenta requête afin de permuter avec François Fouquet, et de rentrer dans la séance de février, à la place de son père, ce qui lui fut accordé.

Pierre Descartes demanda, à son tour, acte de ses

réserves pour conserver, pendant une année, son rang de sous-doyen, s'il traitait d'une autre charge, et la cour lui accorda les priviléges honorifiques de conseiller honoraire.

Nous avons eu souvent occasion de noter les relations de la familles Descartes avec les Jésuites. La veille du jour où Pierre Descartes quitta la cour, le 16 juillet, les Jésuites de Rennes vinrent offrir des thèses et prononcer à la cour un discours latin. Le premier président leur répond que « la cour a bien agréable qu'ils lui aient dédié leurs thèses de philosophie ; qu'elle reçoit cela comme un témoignage de leur reconnaissance et du respect qu'ils ont pour elle ; que la cour aime leur ordre ; qu'elle a contribué, par son autorité, à l'établissement de leur collége et à son accroissement ; qu'aux occasions qui se présenteront, ils sentiront les effets de sa protection et de sa justice. »

Quelques mois après la retraite de Pierre Descartes, le Parlement prit possession de son nouveau palais. Ce fut le 11 janvier 1655 ; la cour entendit la messe dans l'église de Saint-François, puis, accompagnée de tous les magistrats du Présidial et de la Communauté de ville, elle se rendit processionnellement au palais, en chantant le *Veni, Creator*. Dans la salle des procureurs (aujourd'hui salle des Pas-Perdus), on avait préparé un autel, au pied duquel un *Te Deum* fut chanté, et la cour entra dans la Grand'Chambre pour tenir son audience.

La cour remercia René de Lanjamet et Guy Dupont, conseillers du semestre d'août, et derniers commissaires qui avaient activé l'achèvement des travaux.

Joachim Descartes de Chavagne fut nommé membre de la commission du palais pour le semestre de février, et garda ce poste jusqu'à la fin. Du reste, il se vit constamment chargé des rapports et des commissions les plus délicates et les plus importantes, avant, comme après le jour où il atteignit l'escabeau de doyen. C'est ainsi qu'à l'ouverture de cette session de 1655, il fut chargé de rédiger les très-humbles remontrances que le Parlement adressa au Roi à propos des lettres de cachet qui exilaient, à Niort, le président de Marbeuf, et à Riom, le conseiller Gabriel Constantin.

Cet exil avait été la dernière œuvre du maréchal de la Meilleraye, auquel succéda, le 10 juin 1655, son fils, le marquis de la Meilleraye, comme lieutenant de la Reine-Mère, à laquelle était nominativement confié le gouvernement de la Bretagne,

En 1656, Charles Erard (le père), peintre et architecte du Roi, montra à la cour plusieurs dessins qu'il avait fait pour les plafonds et lambris de la Grand'-Chambre. La cour, d'après l'avis de sa commission, choisit celui au milieu duquel était une *figure octogone*, et chargea sa commission de traiter des prix d'exécution avec Erard. M. B. Fillon a publié, dans la *Revue des Provinces de l'Ouest*, le sous-traité, fait, moyennant dix mille livres, avec le sieur Dionis, menuisier à Paris. — En cette même année, la commission spéciale dont faisait partie Joachim Descartes de Chavagne, eut à régler l'expropriation des échoppes qui entouraient le palais, et à rendre possible la création de la belle place, à l'extrémité de laquelle s'élève le monument.

X.

Au début de cette année, 1656, par contrat daté du premier jour de l'an, Joachim Descartes de Kerleau épousa dame Marie Porée du Parc, fille de messire Nicolas Porée du Parc, conseiller au Parlement, et de dame Julienne Duguesclin, fille d'un conseiller, et sœur d'un autre conseiller au Parlement, et de la famille du connétable.

Ce mariage augmentait la fortune du fils de Pierre Descartes, et lui donnait notamment un hôtel situé à Rennes proche la cathédrale, en la paroisse Saint-Etienne, mais que je confesse n'avoir pu retrouver et noter spécifiquement. Jusque là, Pierre et son fils n'avaient eu à Rennes que des pied-à-terre pour la durée des semestres du Parlement. Ce mariage lui donnait de plus, la seigneurie de la Claye en la Boussac, acquise en 1645, des Beaumanoir, par Michel Porée grand père de Madame Descartes. Cette terre relevait de Combourg, et Joachim Descartes en rendit aveu, en 1668 et 1678. (1)

J'inscris ici la liste des enfants issus de ce mariage, comme je l'ai fait pour les précédents.

1° « François, fils de Messire Joachim Descartes seigneur de Kerléau et conseiller au Parlement de ce pays, et de Dame Marie Porée sa compagne, fut

---

(1) Archives de M. Charil des Mazures.

baptisé en l'église Saint-Etienne par le recteur, et tenu sur les fonds par haut et puissant Messire François d'Argouge conseiller du Roy en tous ses conseils et premier président en ce Parlement, et Dame Marguerite Dupont, compagne de Messire Joachim Descartes, Seigneur de Chavagne, aussi conseiller au dit Parlement, le 20ᵉ jour d'avril 1664 — signé d'Argouge, Marguerite Dupont — J. Descartes — Le Feuvre — Renée Foucault — Marguerite Chohan — Joachim Descartes — Michel Porée — Joachim Descartes — P. de Lorgeril, curé. (1)

C'est cet aîné qui devint conseiller en 1690 et dont nous reparlerons sous le nom de François Joachim.

2º « Pierre, fils de Joachim et de Marie Porée, receut les cérémonies du baptême céans, (ayant été baptisé au logis le 2ᵉ de mars) le 7ᵉ de may au dit an 1665. Parain fut Julien Chevry et maraine Guyonne Lodin — P. de Lorgeril recteur. (2) » Sans autre trace.

3º « Marie-Magdeleine Descartes, fille de H. et P. seigneur Joachim Descartes, seigneur de la Bretallière, Kerleau, Tremondet, Lescadiguen etc, conseiller au Parlement de Bretagne, et de Marie Porée. — Parrain Messire Pierre Descartes seigneur de Montdidier, oncle de l'enfant ; marraine Dame Marie-Magdeleine Descartes, Dame de Penvern, sa tante (3), 8 janvier 1668. »

Marie-Magdeleine Descartes, dit Baillet, « avoit épousé Messire Charles Bidé de la Grand'ville, con-

---

(1) Archives paroissiales de Saint-Etienne.
(2) Archives de Saint-Etienne.
(3) Archives d'Elven.

seiller au Parlement, fils d'un président au mortier et petit fils d'un maître des requêtes; mais elle perdit son mari en 1689 et elle est demeurée veuve avec quatre petits enfants. » Je la trouve, en 1697, sur les registres d'Elven, marraine de Marie-Jeanne de Talhouët.

4° « 26 janvier 1669, baptême, à Elven, de Joachim Descartes, fils de Messire Joachim Descartes et de Marie Porée; parrain, Michel Porée chevalier, seigneur du Parc, conseiller au Parlement de Bretagne; marraine, Dame Catherine Descartes (1). »

Ce Joachim Descartes mourut sans doute en bas âge, et je n'en trouve plus de traces.

5° « Sébastien-Anne, né le 29 juin 1672, fils de Messire Joachim Descartes, chevalier seigneur de Kerleau, conseiller, et de Dame Marie Porée du Parc, baptisé le 29 juin, reçut les cérémonies du baptême, ce jour, et le nom par haut et puissant Seigneur Sébastien de Rosmadec, marquis de Molac, lieutenant pour le Roy en Bretagne et gouverneur des villes et château de Nantes etc, et Dame Anne de Renouard Dame de la Touche Trebry, parrain et marraine, le 5 juillet 1672. (2) »

Sébastien, comme Pierre et Joachim, mourut en bas âge. Baillet ne le mentionne pas en 1692.

6° « 14 décembre 1673, baptême à Elven de René Descartes, fils de Messire Joachim Descartes, chevalier, seigneur de Kerleau, conseiller au Parlement de

---

(1) Archives d'Elven.
(2) Archives de Saint-Etienne.

Bretagne, et de Marie Porée du Parc. Parrain Messire René Porée du Parc, docteur en Sorbonne, grand chantre et chanoine de l'église de Saint-Malo ; marraine Dame Renée de Querouartz, femme de Messire Vincent Exupère de Larlan, chevalier seigneur de Lanitré, comte de Rochefort, conseiller au Parlement de Bretagne (1). »

René Descartes a laissé quelques traces. Baillet écrivait à son propos (en 1691 ou 1692) « le second, se nomme René comme son grand oncle (2) et il est entré depuis un an (1691) au noviciat des Jésuites, à Paris. Ses supérieurs en ont très bonne opinion et il faut espérer qu'il ne se rendra pas indigne de porter le nom du grand philosophe. » Je ne sais pas si le P. René Descartes s'occupa beaucoup de philosophie ; mais je le trouve, depuis le 4 mai 1710, jusqu'au 22 octobre 1713 directeur de la Congrégation des Bourgeois marchands et artisans de Rennes. Cette congrégation avait vu disparaître tout son mobilier « qui valait au moins 20,000 livres » dans un incendie. Je lis sur les registres, à la date de 1712. « Madame Descartes, mère du R. P. Descartes, notre directeur, a fait présent de deux chasubles, l'une de satin rayé, *hor coston* (sic) avec étole, manipule, voile, corporaliers et devant d'autel, tout de même façon ; et l'autre de damas vert, cramoisi blanc, avec étole, manipule,

---

(1) Archives d'Elven.

(2) On voit par l'acte de baptême que le souvenir du grand oncle pouvait ne pas être pour grand chose dans le choix du nom, puisque le parrain s'appelait *René*, et la marraine aussi *Renée*.

voile et bourse, le tout valant pour le moins cent livres. » (1)

Je n'ai point la date de la mort du P. René Descartes. Elle devait avoir eu lieu avant 1737, puisqu'à cette date Eustache de Rosnyvinen de Piré écrivait que « la famille de Descartes est éteinte. » (2) Outre les six enfants que je viens de noter, Baillet relève « deux autres filles qui ne sont pas encore pourvues » et dont je n'ai point retrouvé la trace ; si ce n'est de Catherine Descartes, qui sans doute était filleule de son homonyme, le poète. Elle entra au couvent des Ursulines de Ploërmel, et y décéda novice, le 5 février 1686. Elle fut enterrée dans la même tombe que Françoise Descartes, sa tante. (3)

Je n'ai point aussi la date précise et le lieu certain de la mort de Pierre Descartes, le grand père de ceux dont je viens d'inscrire les noms ; mais j'ai retrouvé, dans les archives de Piré, son testament rédigé à la date du 9 avril 1660, à Saumur, où il était descendu « en l'hottellerie où pend pour enseigne l'image Saint-Pierre, paroisse Notre Dame de Nantilly » dans un voyage qu'il avait entrepris pour se rendre aux eaux. Ce testament donne sur sa famille, et il faut bien le dire, sur son caractère si sévèrement qualifié par René Descartes, et par Baillet, des renseignements précieux. Je l'analyse ici :

« Au nom du Père, du Fils et du Saint Esprit.

---

(1) Registre de la Congrégation des Bourgeois, aux archives départementales d'Ille-et-Vilaine.
(2) Notes sur le procès de Chalais ; archives de Langle.
(3) Archives des Ursulines de Ploërmel.

« Comme il n'y a rien de plus certain que la mort et de plus incertain que l'heure d'icelle, tout bon chrétien doit toujours tâcher de se mettre en état de rendre à Dieu son créateur compte de ses actions; et comme le dit seigneur de la Bretallière ne le peut faire présentement comme il le voudroit bien, à cause d'une paralysie dont il est incommodé il y a plus de quatre ans, il ne peut qu'implorer sa miséricorde infinie par intercession de la glorieuse Vierge Marie, mère de Dieu et de miséricorde, les suffrages de Saint-Pierre, son patron, et de tous les saints et saintes du Paradis; et pour tâcher de la mieux obtenir, il veut et entend que s'il meurt en son voyage, qu'il fait aux eaux pour recouvrer, s'il plaît à Dieu, la santé, son corps soit enterré en la principale église du lieu, où sera fait et dit un service solennel; et Dieu lui faisant la grâce de retourner en Bretagne et y décédant, sera fait et dit le service que ses enfants désireront. »

Il dit ensuite que Dieu lui ayant laissé six enfants après la mort de Madame sa femme, dont il y en a deux de religieuses, il veut les pourvoir des biens que Dieu lui a donnés. Il leur doit compte des levées des biens de leur mère, et veut gratifier les puinés des dites levées et jouissances. — Il estime que chacun des trois puinés qu'il laisse dans le monde doit avoir la valeur de dix mille écus, et leur en fait don irrévocable « ne voulant qu'il leur soit contesté par leur aîné, pour les grands avantages qu'il sait qu'il lui a faits au préjudice de ses puinés, que le seigneur testateur ne veut déclarer pour certaines considérations, et pour lesquelles il est obligé en conscience de récompenser les dits puinés.

« Et de plus, d'autant que Messire Pierre Descartes,

son second fils, pourra se marier, que ses enfants tiendront le nom de la famille ; et que ne se mariant pas ou mourant sans enfants, le bien provenant du tronc et tige commun retournera à l'aîné ; le dit seigneur testateur veut et entend qu'outre les dits dix mille écus, le dit Pierre Descartes ait en partage la métairie de Kerbourdin avec ses appartenances et dépendances, situées en la paroisse de Questembert, pays et duché de Bretagne.

« De plus veut et entend que des dix mille écus qui seront pris par chacun de ses enfants puinés, et dont il leur fait don ci-dessus, demoiselle Catherine Descartes, l'une d'iceux, prenne en déduction vingt mille livres qui lui sont dues par Madame de Vezy et Monsieur son fils. »

Le testateur veut que le testament soit écrit en deux doubles, scellé avec un cachet, qu'il a dit au notaire être son sceau ordinaire, « pour l'un des doubles être gardé par devers lui, et l'autre envoyé à Monsieur Descartes de Chavagne son frère, conseiller au même Parlement et qu'il soit mis sur la suscription : *Papier pour être ouvert incontinent après ma mort, en présence de mes enfants que je prie de mander pour cet effet.* »

Le notaire Me Florent Doualle constate que le testateur ne put signer, et qu'il se fit entendre avec peine à cause de son indisposition.

Pierre Descartes, seigneur de Montdidier, dont j'ai dit que Baillet faisait à tort le fils aîné de M. de la Bretallière, ainsi que le démontre le testament ci-dessus, n'était pas encore marié en 1660. Il épousa dans la suite « une veuve de qualité et fort riche dans la province, écrit Baillet, et mourut sans enfants et sans emploi. »

Le mariage de Joachim IV Descartes de Chavagne suivit, à moins de deux ans de distance, celui de Joachim III Descartes de Kerleau. Le contrat, dressé par Beton et Lesbaupin, notaires à Nantes, est du 27 octobre 1657. Joachim Descartes épousa la demoiselle Prudence Sanguin, fille de Louis Sanguin, conseiller au conseil d'Etat, et de défunte dame Bonne de Monty, demeurant en la maison de la Bouteillerie, paroisse de Saint-Donatien, à Nantes. La jeune femme apporte une dot de cent mille livres ; le jeune époux, la promesse de l'office de conseiller non originaire au Parlement, que possède son père, et qui est évalué 90,000 livres.

Les Sanguin étaient de la noblesse parisienne ; leur nom avait été cité au XVe siècle, principalement à propos du siége de Rhodes, où Louis Sanguin se distingua parmi les défenseurs de la place. Antoine Sanguin fut successivement abbé de Fleury, évêque d'Orléans, puis cardinal et archevêque de Toulouse. Il est vrai qu'il avait pour nièce la trop célèbre Anne de Pisseleu, duchesse d'Etampes, fille d'Anne Sanguin, sa sœur. Yves Sanguin, frère de madame Descartes, était lui-même conseiller au Parlement de Bretagne.

Quant aux Monty, ils étaient sortis de Florence et s'étaient habitués en France, sous Catherine de Médicis. La branche française prenait pour l'aîné le titre de comte de Rézé.

Au lieu de céder sa charge de conseiller au Parlement à son fils, Joachim II Descartes de Chavagne acheta, pour lui, le 12 février 1659, la charge qu'avait possédée François Saguier, seigneur de Luigné, et que dame Renée Cazet de Vautorte, veuve de François Saguier, céda moyennant le prix de 95,000 livres.

Joachim IV Descartes présenta ses lettres de provision à l'audience du 23 avril. Charles Champion, conseiller-doyen, fut commis pour informer des vie, mœurs, âge et religion catholique de l'impétrant, et, après que Me Joachim Descartes, son père; Joachim Descartes, son cousin; Guillaume Raoul, et Yves Sanguin, son beau-frère, se furent retirés; il fut admis à l'examen, avec la restriction significative qui suit :

« La cour arrête que Me Joachim Descartes, son père, conseiller, ne pourra faire recevoir aucun de ses enfants, en la charge de conseiller non originaire qu'il exerce; mais sera obligé de s'en démettre entre les mains d'un actuellement non originaire, et qu'à l'advenir aucun des conseillers de la dite cour possédant charges non originaires, ayant leur établissement en cette province, ne pourront faire recevoir leurs enfants en des charges non originaires, autres que celles qu'ils possèdent. »

Joachim passa, le 21 mai, son examen sur la loi qui lui était advenue à l'ouverture du livre, la première au Code : « *De constitutâ pecuniâ* », fut reçu et prêta serment.

Le 12 juillet 1660, Joachim Descartes de Chavagne, le père, fut député, avec le premier président, Henri de Bourgneuf, le président Loysel, [trois autres conseillers et le procureur général, « pour aller saluer le Roy et la Reyne, leur témoigner la joie que la cour a de leur mariage et de la conclusion de la paix, et leur faire les soumissions et offres d'obéissance du très-humble service qu'elle doit à Leurs Majesté. »

Pendant cette députation, mourut à Paris le premier président, Henri de Bourgneuf.

A la rentrée de la cour, le 16 février, le président, François Loysel, fit un interminable discours à propos de la mort du premier, dont le corps « a été transporté dans cette ville de Rennes, et dont le cœur attend pour recevoir le dernier témoignage de la bienveillance de la cour, et le bien solide des suffrages de chrétiens. » Pierre Bonnier, l'autre président, renchérit, par un autre discours, où il joua, Dieu sait comme, sur le nom de Cucé. C'est en lisant ces harangues, qui sont bien de l'époque, que le lecteur apprécierait la prose, que nous avons plus d'une fois citée, des différents membres de la famille Descartes, et que n'aurait jamais, ou presque jamais, désavouée René Descartes lui-même.

Nous avons le détail des frais que le Parlement vota pour les obsèques de son premier président : 500 livres pour la tente funèbre, en drap de soie ; 220 livres, pour les écussons et armoiries ; 80 livres, pour le luminaire.

Le 17 mars, le président Loysel rendit compte de la députation qu'avait attristée la mort du premier président. Les députés étaient arrivés à Paris dans les premiers jours d'août. Ils furent, presque à leur arrivée, admis au Louvre. « Le Roy reçut leurs respects avec beaucoup de bonté, et leur dit, entre autres discours, que, si dans les temps difficiles, son Parlement de Bretagne avoit eu une sage et fidèle conduite, il étoit bien aise de lui persuader son zèle et son affection ; mais qu'il devoit aussi être fort assuré de son ressentiment, et qu'il en donneroit des marques dans les occasions. » Ils virent les Reines et et les Princes et n'en reçurent que des témoignages de bonne volonté pour le Parlement de Bretagne. — « Messire Bonnier, président, remercia les députés, et dit que le Parlement avoit été si dignement représenté, qu'il falloit d'aussi grands personnages que les députés pour le bien faire. » — Le successeur de messire Henri de Bourgneuf fut messire François d'Argouges, conseiller du Roi en ses conseils, maître des requêtes ordinaires de son hôtel, et intendant des maisons, affaires et finances de la Reine-Mère. M. d'Argouges, nommé le 23 mars, entra à la cour le 28 mai, et prêta serment sans aucun discours.

La présidence de M. d'Argouges fut essentiellement paternelle et bienveillante. Je crois avoir déjà cité un acte de baptême, où il figure comme parrain d'un des enfants de la famille Descartes.

Pendant ces années, Joachim de Chavagne, le père, et Joachim de Kerleau, alternent à la Grand'Chambre et à la Tournelle ; Joachim de Chavagne, le fils, est toujours à la chambre des enquêtes du même semestre.

Il n'est pas sans utilité, peut-être, de répéter ici ce que j'ai écrit dans mon opuscule, sur l'*Exil du Parlement à Vannes*, sur ces désignations très-insolites pour nos contemporains. Le Parlement était divisé en deux *semestres*, depuis 1600 ; c'est-à-dire que la moitié de la cour siégeait de février à août, et l'autre moitié d'août à février.

Chaque semestre se divisait en plusieurs chambres, savoir : la *grand'chambre*, qui avait alors trois présidents à mortier, et vingt conseillers, et connaissait de toutes les affaires où le Roi était intéressé, et des deux tiers des autres affaires civiles ; la *chambre des enquêtes*, avec deux présidents par commission, et seize conseillers, qui connaissait de toutes les affaires où il y avait enquête ou expertise, et du tiers des autres affaires civiles, dont la grand'chambre se déchargeait ; la *chambre des Tournelles*, chambre criminelle, qui prenait son nom de ce que les présidents et conseillers des deux chambres civiles y étaient envoyés *ar turnum*, c'est-à-dire à tour de rôle ; enfin, la *chambre des requêtes*, dont le titre indique la compétence et qui se composait d'un président à commission et de quatre conseillers seulement. *Toutes chambres assemblées*, c'était la réunion de la moitié de la cour siégeant pendant le semestre ; *tous semestres assemblés*, c'était toute la cour réunie extraordinairement.

En l'année 1663, le Parlement eut à s'occuper d'un détail intime qu'il faudrait étudier depuis le XVIe siècle. Les conseillers se réunissaient dès six ou sept heures le matin, puis, assistaient à la messe avant dîner. Il fallait bien quelques rafraîchissements pendant cette longue matinée, et, peut-être, pendant l'après-dînée, qui n'était pas moins longue ; c'est de quoi s'occupe l'arrêt que je trouve ainsi résumé dans les *Registres secrets:*

« La cour, chambres et semestres réunis, fait examiner par une commission les comptes de sa buvette depuis 1653. Elle arrête que Pierre Le Clerc, concierge du palais, founira à l'avenir le pain, beurre, vin blanc et clairet, fruits, fagots, gros bois, chandelles de cire et suif, et les autres nécessités, tant ordinaires qu'extraordinaires, ainsi qu'elles sont plus amplement spécifiées dans ses comptes ; qu'il aura un homme pour nettoyer et avoir soin des plafonds, lambris et tapisserie de la salle dorée; que, tous les jours, il fera balayer et nettoyer les autres chambres, et les galeries et perron, deux fois la semaine pour le moins, et que, pour le paiement des dites dépenses, il recevra seulement la somme de 3,700 livres, sur les amendes du fol appel, plus l'exemption de payer les devoirs sur le nombre de pièces de vin, réglé par l'arrêt du Conseil du 16 octobre 1658. »

Autre détail non moins intime, relevé dans l'année 1664 :

« Le 9 mai, la cour, chambres et semestres réunis, fit enregistrer les lettres patentes concédant à la Communauté de ville de Rennes une augmentation d'octroi, notamment pour un écu d'entrée sur chaque pipe de vin, dont le produit étoit destiné à amortir les dettes de la ville et à construire un quai et port depuis la porte Mordelaise jusqu'aux arches de Saint-Yves. » Je ne relève ce fait qu'à cause de la réserve faite par la cour, qui soumet tout le monde à l'assiette du nouvel impôt ; — « A la réserve des présidents, conseillers et gens du Roi, actuellement servants, des greffiers civil et criminel, des quatre notaires secrétaires et du premier huissier de la dite cour, qui jouiront, savoir : les présidents et conseillers gardes scel, de chacun douze pipes, et les conseillers de six pipes, et les autres, à proportion, de l'exemption du dit devoir d'un écu par pipe d'entrée. »

Troisième détail de mœurs :

Les présidents Loysel et Fouquet avaient obtenu des brevets de capitaines des chasses de la forêt de Rennes, Liffré et autres ; il paraît qu'à la réflexion on trouva que cette venerie ne convenait guères à leur position; car le Roi, sur l'avis du conseil d'Etat, révoqua ces brevets. La cour s'empressa d'enregistrer les lettres de révocation, et les présidents, un peu confus, j'imagine, remirent d'eux-mêmes au premier président, qui fut chargé de les transmettre au ministère, les brevets cynégiques qui leur avaient été délivrés. Du reste, le Parlement avait déjà porté un règlement sévère sur les absences prolongées de ceux de ses membres qu'atteignait la passion de la villégiature, en dehors de l'*Otium semestre*. Le 20 février 1660, chambres assemblées, il avait décidé que ceux qui auraient assisté à l'ouverture de chaque semestre, «pourront s'absenter durant ce semestre, pendant vingt jours; ceux qui n'auront pas assisté à l'ouverture, pendant quinze jours, et que ceux qui auront fait plus longue absence, si ce n'est par maladie, avec excuse sur le registre, seront retranchés de leurs épices, à proportion de leur absence. »

Les premiers mois de 1665 furent consacrés à l'examen d'une affaire toute nouvelle, présentée par le Roi lui-même à son Parlement de Bretagne : la création et l'organisation de la célèbre *Compagnie des Indes*. Déjà, dix-huit ou vingt ans auparavant, en 1644, les bourgeois de Nantes avaient voulu constituer une société d'armement, dont les gentilshommes bretons eussent pu faire partie sans dérogeance. Ce projet avait trouvé dans le Parlement une opposition énergique. Nul corps ne fut plus profondément chatouilleux, au point de vue de la noblesse; et c'était une maxime de laquelle on ne se départit jamais, de n'admettre que des conseillers gentilshommes. Le

Roi, lui-même, déclarant que l'entrée dans la Compagnie des Indes n'entraînait, pour les gentilshommes, aucune dérogeance, cet obstacle fut levé, et le Parlement, en corps, souscrivit en tête des actionnaires. Joachim Descartes de Chavagne fit, dès l'origine, partie de la commission d'organisation, et, à ce titre, on nous permettra une analyse un peu étendue de l'institution elle-même.

C'est au mois d'août 1664, que le Roi avait créé la Compagnie des Indes. Dans ses lettres de la fin de 1664, le Roi sollicite les officiers de la cour de contribuer à cette fondation, par leur exemple. — Dans une seconde lettre, il déclare que la qualité d'actionnaires ne sera pas un obstacle à leur compétence pour juger les procès ultérieurs de la Compagnie. — Assemblée des semestres. — Nouvelles lettres, qui portent que l'entrée dans la Compagnie n'entraîne aucune dérogation à la noblesse. La cour nomme une commission spéciale dont fait partie Joachim Descartes de Chavagne, déjà doyen du semestre de février, pour étudier le système d'association. La commission conclut, le 7 février, à l'enregistrement de l'édit de création avec les modifications suivantes :

« 1º Que Sa Majesté sera très-humblement suppliée d'avoir agréable que, sur le premier article de l'édit, il soit dit et ordonné que les biens procédant du dit commerce seront partagés noblement, ainsi que les autres meubles, entre les personnes nobles, suivant la coutume de la province.

Et, sur le second article, qu'il sera libre à ceux qui seront entrés audit commerce de s'en retirer et y renoncer, délaissant, au profit de la dite Compagnie, le fond qu'ils auront commencé de payer sans espoir de répétition, et que les présidents, conseillers et autres officiers de la cour qui auront entré en la dite Compagnie, ne pourront céder leurs droits à autres qu'à ceux de la dite cour, qui y auront pareillement entré, et, qu'en cas de décès des dits officiers, leurs veuves, enfants ou héritiers, en cas de vente des offices, seront obligés de céder avec l'office les droits qu'ils auroient en la dite Compagnie de commerce.

« Sur les 9ᵉ et 10ᵉ articles que, de la province de Bretagne, il sera toujours nommé deux directeurs, attendu la grande cognoissance que les gens du dit pays ont du commerce et des mers ; et qu'outre les deux syndics des villes de Nantes et de Saint-Malo, il en sera nommé un troisième de la ville de Morlaix, attendu le grand commerce qui se fait en icelle et le consulat y établi.

» Sur le 25ᵉ article, que Sa Majesté sera suppliée de n'établir aucuns consuls dans les villes de cette province de Bretagne autres que ceux qui y sont établis, lesquels ne pourront prétendre plus grande juridiction que celle qui leur a été attribuée par les édits d'érection, et à la charge que les appellations des sentences desdits juges consuls seront directement relevés en la dite cour.

» Sur le 30ᵉ article, qu'il ne sera souffert qu'aucunes personnes passent aux Indes pour y enseigner publiquemment ou en particulier, aucune doctrine contraire à la religion catholique, apostolique et romaine.

» Et finalement, que les priviléges accordés par le trente-huitième article, ne s'étendront aux apothicaires, chirurgiens et orfèvres.

» Les dites lettres seront envoyées dans tous les ports et hâvres de cette province, et tous les officiers, les personnes de qualité et les plus notables et riches bourgeois et marchands des villes de ce ressort, seront excités et exhortés d'entrer, à l'exemple de tant de personnes illustres, mentionnées aux dites lettres, dans la dite Compagnie du commerce des Indes, et contribuer à l'heureux succès d'une si haute entreprise, et si importante au public. »

La cour souscrivit pour 90,000 livres, payables en trois termes, le 1er août prochain, le 1er décembre 1665, et le 1er décembre 1666.

Le premier président souscrivit pour 9,000 livres; les présidents et les évêques de Rennes et de Nantes, pour 1,200 livres; chacun des conseillers pour 600 livres. Les deux avocats généraux pour chacun 600 livres; le procureur général, parce qu'il sert dans les deux semestres, 1,200 livres; les quatre greffiers, chacun 300 livres; les quatre notaires-secrétaires, chacun 150 livres.

Le roi manifesta son entière satisfaction. Colbert trouva que les termes de paiement étaient un peu éloignés.

En même temps que l'édit qui constituait la Compagnie des Indes, le Parlement, dont tous les membres étaient si profondément catholiques, enregistra, sans objection, l'arrêt du conseil d'Etat, du 19 février 1665, préliminaire de la révocation de l'édit de Nantes, et qui défendait l'exercice de la religion prétendue réformée aux lieux de Sion, le Croisic, la Roche-Bernard, Dinan, Plouër, Saint-Malo et Blain, et tous autres des juridictions de Dinan et de Guérande. Les temples et prêches devront être démolis ; sauf aux seigneurs de Sion et de Blain à faire l'exercice de leur religion dans l'intérieur de leurs maisons seigneuriales, pour eux et leur famille seulement.

Quelques semaines plus tard, le Parlement enregistrait et faisait publier la bulle condamnant le Jansénisme, « *suivant la volonté du Roy* » (27 mai).

A la fin de ce semestre, le 17 juillet, la cour procéda à la réception des travaux fait par Charles Errard, dans la grande salle du Palais, et ordonna d'achever à l'artiste le paiement de la somme de 20,000 livres, conformément au marché du 8 juillet 1656 ; plus, 1,200 livres de supplément, pour peintures et ornements aux portes de la dite salle.

En ce temps, la peste reparut encore à Rennes. Le Parlement rendit un arrêt par lequel il soumettait à la quarantaine toutes les marchandises venant de l'Angleterre.

L'année 1666, qui s'ouvrit par la mort de la Reine-Mère, pour laquelle la cour célébra un service dans la grande salle du Palais, fut marquée par une disette générale. La cour, au mois de mai, consacra la moitié des menues amendes, prononcées par elle, au pain des pauvres, et surtout des pauvres honteux. Elle ordonna en même temps la déportation des mendiants, vagabonds et gens sans aveu, dans les îles, colonies françaises.

Le 13 avril 1668, le Parlement enregistra l'édit relatif à la réformation de la noblesse. Le Roi avait nommé directement une commission composée du premier président, de Guy Le Meneust, président, et de quatorze conseillers, parmi lesquels Joachim Descartes de Chavagne, pour juger et décider les procès mus et intentés à la requête du procureur général, « contre tous ceux qui se trouveront avoir pris et usurpé la qualité de chevalier et d'écuyer dans l'étendue de ce ressort. »

On sait que les arrêts de cette chambre spéciale ont été brûlés pendant la Révolution, en même temps que les arrêts criminels. Mais de nombreuses copies en ont été faites et se retrouvent dans les bibliothèques publiques de Bretagne, et dans les collections particulières. Pour donner une idée de la forme, je relève l'arrêt relatif à Joachim Descartes de Chavagne lui-même :

« 22 octobre 1668. Réformation de la noblesse. — Messire Joachim Descartes, sieur de Chavagne, conseiller au Parlement de Bretagne, faisant, tant pour lui que pour noble et discret Louis Descartes, chantre de l'église collégiale de Montagu et prieur de Saint-Cardreu ; et Augustin Descartes, curé-doyen de la Roche-Bernard, et écuyers François, Henry, Ignace et Joseph Descartes, ses frères puînés.

» La chambre, faisant droit, a déclaré et déclare les dits Joachim, Louis, Augustin, François, Henry, Ignace et Joseph Descartes, nobles et issus d'extraction noble, et, comme tels, leur a permis et à leurs descendants du mariage légitime, de prendre la qualité, savoir : le dit Joachim Descartes, de chevalier, et ses dits frères puînés d'écuyers, et les a maintenus au droit d'avoir armes et escussons timbrés : d'argent au sautoir de sable, contourné de quatre palmes de sinople. »

Pendant que Descartes de Chavagne était occupé à la réformation de la noblesse, Joachim Descartes de Kerleau recevait la mission d'inspecter les greffes civils et criminels du ressort du présidial de Nantes, en compagnie de son collègue Pierre de Tanouarn.

Je ne note en 1669 que quelques arrêts de police.— 15 février. Les faux-sauniers s'attroupent et s'associent sous le nom de *Cadets de Bretagne*, et sont parvenus à délivrer six des leurs, incarcérés.

13 juillet. Le procureur général expose que la nuit dernière, il a été affiché à la porte de la demeurance de de M⁰ Valleille, fermier des devoirs, rue aux Foulons, « certain placard manuscrit tendant à sédition et portant menace de le brûler dans sa maison, la nuit prochaine, à quoi il est bon de pourvoir; et il a remis sur le bureau deux des dits placards manuscrits, avec un petit fagot de paille, qui étoit attaché à l'un d'eux. »

9 mai 1670. — Plainte des habitants sur la grande quantité de poudre qui s'entasse dans les boutiques des fabricants qui habitent les rues Neuve, Baudrairie, Vieille-Laiterie et Parcheminerie. Une poudrière a été incendiée dans le champ Dolent, « avec perte de plusieurs, grande ruine et débris causés aux maisons voisines, et notamment à celles de l'hôpital Saint-Yves. » — Arrêt de règlement au rapport de M⁰ Joachim Descartes.

Au mois de juillet de cette année 1669, le duc de Chaulnes fut nommé gouverneur de Bretagne. Ses lettres de nomination furent enregistrées le 21 février 1671 seulement.

En 1672, Joachim Descartes de Chavagne fut commis, avec plusieurs présidents et conseillers, pour rechercher les précédents de la cour, relativement à la prétention de MM. de Coatlogon et de La Coste, lieutenants pour le Roi, d'avoir l'entrée du Parlement et les lettres de jussion du Roi qui leur accordait ce droit. L'examen de la commission était et devait être favorablé aux lieutenants, et leur prétention fut admise.

Le 24 mai de cette année 1672, Joachim Descartes de Chavagne, le fils, après que son père s'est retiré, fait rapport à la Grand'Chambre d'un procès sur lequel la chambre des enquêtes s'est partagée.

A propos de Joachim Descartes, le fils, et ne trouvant rien à relever dans les années 1673 et 1674, jusqu'à la révolte du Papier timbré et l'exil du Parlement à Vannes; je dresse la liste des enfants nés du mariage avec Prudence Sanguin. Il n'en sortit que des filles, et cette branche de la famille disparut ainsi; la branche aînée compta une génération masculine de plus, et s'éteignit aussi en quenouille, comme nous le dirons plus tard.

1°« Louise-Prudence, fille de messire Joachim Descartes, seigneur de Chavagne, et de dame Prudence Sanguin, sa compagne, a été baptisée solemnellement le 9 février 1659. Parrain, messire Louis Dupont, conseiller du Roi en ses conseils d'Etat et privé, et son président en la cour des comptes de Bretagne, bisaïeul paternel de la dite Louise-Prudence. Et marraine, dame Louise-Nicole de la Porte, compagne de messire Yves Sanguin, conseiller du Roi au Parlement de ce pays, sa tante maternelle » (1).

Prudence Descartes fut plusieurs fois marraine à Rennes; je relève les actes suivants :

« Prudence, fille de messire René Ferré, seigneur de

---

(1) Registres de Saint-Pierre en Saint-Georges, aux archives municipales de Rennes.

la Ville-ès-Blancs, et de dame Louise Descartes, sa compagne, a été baptisée dans l'église St-Georges de Rennes, par le recteur d'icelle; parrain et marraine, nobles enfants Ignace et Prudence Descartes, le 25 janvier 1665. »

« Jacques-Joachim, fils de messire Emery-Augustin de Cervon, seigneur vicomte des Arcis, et de dame Hélène Moisan, sa compagne, né de ce jour, a été baptisé en l'église paroissiale de Saint-Georges. — Parrain, escuyer Jacques de Montalembert, sieur de Monmeyé, advocat en la cour, et marraine, demoiselle Prudence Descartes, fille de messire Joachim Descartes, conseiller en la cour, 9 août 1668. ».

J'ai raconté dans mon *Histoire de Guingamp* la très-intéressante monographie de Mme des Arcis, qui, comme tant d'autres gentilhommes et femmes de qualité du XVIIe siècle, se voua avec une noble abnégation aux austérités et aux bonnes œuvres. Je ne crois pas qu'il faille rattacher les Montalembert de Bretagne, dont les membres furent nombreux dans le barreau et la judicature, tant à Rennes que dans le pays de Carhaix et de Gourin, à l'illustre auteur des *Moines d'Occident*; mais l'identité du nom est absolue, et il est assez bizarre de retrouver ces noms de Descartes et de Montalembert, accolés dans un acte de baptême du XVIIe siècle.

Je trouve encore Prudence Descartes, alors mariée, assistant et signant au mariage de Pierre Aubrée, maître sculpteur, paroissien de Saint-Germain, avec Marie Billieu. — 11 avril 1684. — Ce serait une intéressante étude dans les registres paroissiaux des XVIe et XVIIe siècles, que celle de la filiation des gens qui se sont fait un nom plus ou moins illustre. C'est ainsi que, dans les seuls registres de Saint-Germain et de Saint-Pierre de Rennes, j'ai retrouvé les Belordeau, les de Volant, les Frain, les Hévin, les Lobineau, les Elleviou, etc.

Le 31 août 1676, Louise-Prudence Descartes épousa Christophe de Rosnyvinen, seigneur de Piré, fils aîné, principal et noble de feu messire Jan de Rosnyvinen, vivant, conseiller en la cour de Parlement de Bretagne, et de dame Marguerite d'Epinose, épouse, en seconde noces, de messire Jean du Boisgeslin, seigneur de Meneuf, conseiller du Roi en tous ses conseils d'Etat et privé, et président à mortier à son Parlement de Bretagne. « Le dit seigneur de Piré, autorisé de noble homme Pierre Hévin, avocat au Parlement, son curateur. » Quant à la jeune femme, elle était assistée de son père (sa mère, Prudence Sanguin, étant morte depuis plusieurs années déjà); de son grand-père et de sa grand-mère paternels, Joachim Descartes, seigneur de Chavagne, conseiller du Roi et doyen au Parlement de Bretagne, et dame Marguerite Dupont; et de son aïeul maternel, messire Louis Sanguin, chevalier, seigneur de Vayron. La dot était de 100,000 livres, payables à la mort du grand-père Descartes. Ils furent mariés dans la chapelle du château de Chavagne, par noble et discret messire Augustin Descartes, doyen de la Roche-Bernard, du consentement du sieur recteur de Sucé.

Christophe de Rosnyvinen, qui était arrière petit-fils de d'Argentré, réunissant, par son mariage, cette illustration au nom des Descartes, a laissé lui-même un nom dans les lettres bretonnes, par son *Histoire de la Ligue en Bretagne*, publiée avec de regrettables mutilations, par l'abbé Desfontaines. Il acquit, de plus, une grande influence sur les Etats, ce qui lui valut, sous le Régent, l'honneur d'un exil momentané (1).

Les enfants de Christophe de Rosnyvinen et de Prudence Descartes furent nombreux ; on en compte douze, cinq garçons et sept filles ; l'aîné devint conseiller au Parlement de Bretagne ; deux autres furent militaires, deux embrassèrent l'état ecclésiastique ; l'un d'eux, Joachim, jésuite, mourut à St-Domingue, en 1734. L'aînée des filles mourut enfant ; les six autres se firent religieuses : quatre à la Visitation, et deux aux Ursulines de Rennes.

Prudence Descartes survécut à son mari, à son fils aîné et à la plupart de ses enfants ; et mariant son petit-fils, Guillaume-Marie-Joseph-Joachim de Piré, avec Louise-Emélie de Visdeloup, le 13 novembre 1732, elle laissait à ce petit-fils un riche mobilier, qui fut inventorié les 15, 16, 17 et 22 septembre 1733.

Cet inventaire, dans lequel ne sont pas estimés les livres et les tableaux, fort nombreux, constate un

---

(1) C'est de Christophe de Piré, dont le portrait est conservé au musée de Rennes, que madame de Sévigné écrivait. — « Il m'est venu voir un président, et, avec lui, un fils de sa femme, qui a vingt ans, et que j'ai trouvé, sans exception, la plus jolie figure que j'aie jamais vue. J'allois dire que je l'avois vu, il y a cinq ou six ans, et que j'admirois qu'on put croître en si peu de temps. Sur cela, il sort une voix terrible de ce joli visage, qui me plante au nez, d'un air ridicule : « que mauvaise herbe croît toujours. » Voilà qui fut fait ; je lui trouvai des cornes, et s'il m'eût donné des coups de massue, il ne m'auroit pas plus assommée. »

luxe vraiment princier de tapisseries, de garnitures de lits en soie, de meubles sculptés et brodés, et d'argenterie. — A l'écurie, on trouve six beaux chevaux de carrossse, deux chevaux de selle et trois chevaux de service.

Prudence Descartes, après avoir mené, dit la généalogie, une vie exemplaire et édifiante, mourut plus qu'octogénaire, au mois de mars 1740, à la Visitation de Rennes, où elle s'était retirée, et fut inhumée dans la chapelle intérieure de cette maison.

2° « Marguerite, fille de messire Joachim Descartes, sieur de Chavagne, conseiller du Roi en son Parlement de Bretagne, et de dame Prudence Sanguin, sa compagne, a été baptisée dans l'église paroissiale de Saint-Georges de Rennes, par le recteur d'icelle. Parrain, messire Yves Sanguin, conseiller au dit Parlement ; et marraine, dame Marguerite Dupont, compagne de messire Joachim Descartes, sieur de Chavagne, conseiller au Parlement, aïeuls de la dite fille du côté paternel, le 26 décembre 1659. »

Marguerite entra au couvent des Ursulines d'Ancenis, où était déjà sa tante paternelle. Je vois par le testament de son père, qu'elle avait reçu une dot de 1,800 livres, avec un constitut de 3,200 livres de principal, au denier 16.

3° Céleste naquit et fut baptisée hors de Rennes, et je n'ai pas retrouvé son extrait baptistaire. Elle épousa, le 9 avril 1682, dans l'église de Saint-Pierre, en Saint-Georges, messire François Amaury de la Moussaye, seigneur de Cargouët et autres lieux, fils aîné, héritier principal et noble de deffunts messire Amaury-Charles de la Moussaye, en son vivant conseiller au Parlement de Bretagne, et de dame Jeanne de Saint-

Gueltas ; et domicilié en la paroisse de Plestan, évêché de Saint-Brieuc.

Le testament du père constate que Céleste avait reçu en se mariant, une dot de 36,000 livres. M. de la Moussaye mourut peu après son mariage, et sans laisser d'enfants. Des difficultés s'étant élevées entre sa veuve et ses frères, Jean et Charles de la Moussaye, les parties en referèrent au duc de Chaulnes, gouverneur de Bretagne, après un commencement de procès à Lamballe. Le duc de Chaulnes leur donna pour arbitre M. le marquis de la Coste, sur l'avis duquel fut signée une transaction, le 26 janvier 1669.

Céleste affermait, en 1738, des immeubles à Hénan Bihan, dépendant de son douaire. Elle s'était retirée près de sa sœur, madame de Piré, et sa vie se partagea entre l'hôtel Descartes et le château de Piré. — Elle s'en alla aussi mourir à la Visitation, en septembre 1742, et fut inhumée dans l'église de Toussaint, à Rennes.

4º « Suzanne, fille de messire Joachim Descartes, seigneur de Chavagne, conseiller au Parlement de Bretagne, et de dame Prudence Sanguin, sa compagne, a été baptisée en l'église paroissiale de Saint-Pierre, en Saint-Georges de Rennes, par le recteur d'icelle.— Parrain, messire Louis Sanguin, seigneur de Vayron, conseiller du Roi en ses conseils d'Etat et privés, ayeul, du côté maternel, de la dite Suzanne ; et marraine, dame Suzanne Duparc, veuve de messire Antoine Hubert, vivant, seigneur de Lasse, conseiller au dit Parlement, le 9 mai 1664 (1).

(1) Registre de Saint-Pierre, en Saint-Georges.

Suzanne épousa, en 1690, Jean de Rosnyvinen, sieur du dit lieu et de Saint-Rémy, frère cadet de Christophe de Piré. Joachim Descartes donna à sa fille Suzanne une dot de 40,000 livres, parce qu'elle avait été plus longtemps avec lui sans être mariée. « Aussi j'ai cru, écrit-il dans son testament, que ce qu'il peut y avoir d'excédant en sa faveur ne luy doit point être envié. »

Jean de Rosnyvinen et Suzanne Descartes eurent plusieurs enfants, dont je n'ai point retrouvé la trace.

Quant à Joachim Descartes de Chavagne, dès qu'il eut marié sa quatrième fille, il mit à exécution un dessein médité depuis longtemps, et se fit ordonner prêtre.

« Monsieur de Chavagne, écrit Baillet, ayant perdu sa femme, sa famille étant aussi heureusement établie qu'il pouvoit le souhaiter, ne trouva plus d'obstacles au désir qu'il avoit d'embrasser la carrière ecclésiastique. Il y est entré par tous les degrés d'ordination jusqu'à la prêtrise, et il exerce aujourd'hui la charge de conseiller clerc au Parlement, avec beaucoup de dignité et d'approbation. » — Je dirai toutà-l'heure ce qu'il faut penser de cette qualification de *conseiller clerc*, qui ne fut jamais reconnue en Bretagne, si ce n'est pour les évêques de Rennes et de Nantes. Il est seulement vrai que Joachim Descartes, après son élévation au sacerdoce, laissait pendre pardessus sa robe rouge de conseiller, un rabat tout ecclésiastique ; et c'est ainsi qu'il est représenté dans le portrait assez médiocre, comme peinture, que possède de lui le musée de Rennes et qui lui a été donné par M. de Piré. — Avant de rentrer au Parlement, je veux esquisser la physionomie de Catherine Descartes, le poëte de la famille, et dont on disait que l'esprit de son oncle René *était tombé en quenouille.*

Catherine, comme je l'ai dit plus haut, était née à Kerleau, en 1637. Elle était restée vieille fille, avec un patrimoine d'une quinzaine de cents francs de rente ; elle vécut avec son père d'abord, avec son frère aîné ensuite, très-estimée et très-estimable pour sa vertu et pour son talent poétique, que les contemporains ont bien un peu surfait, comme il arrive et arrivera toujours ; partageant son temps entre Rennes, Vannes et Kerleau ; allant, soit avec son père, soit avec son frère, rarement, et pour quelques jours, à Paris, assez pour entretenir des relations avec Mesdemoiselles de Scudéry et de la Vigne, cartésiennes, enchantées de se mettre à l'ombre d'un grand nom, trop peu pour exciter la rivalité et la jalousie de ces bas bleus. Il était malaisé de trouver une rime à Catherine Descartes ; Mademoiselle de Scudéry avait imaginé le joli surnom de *Cartésie*, et c'est sous ce surnom transparent que l'on multipliait des vers faciles dédiés à la nièce du célèbre homme.— Fléchier, qui, avant d'être un grand orateur, avait été un bel esprit et un poëte un peu féminin, disait d'elle dans une lettre de son âge mûr : « A l'égard de Mademoiselle Descartes, son nom, son esprit, sa vertu la mettent à couvert de tout oubli, et toutes les fois que je me souviens d'avoir été en Bretagne, je songe que je l'y ai vue. »

Le bagage littéraire de Catherine Descartes, tel qu'il est venu jusqu'à nous, n'est pas considérable. Elle n'aurait pas mérité les anathêmes de son grand-père, et ne se fit pas *relier en veau.* Il faut chercher ses vers dans les recueils du temps, et principalement dans le *Parnasse des Dames*, ou encore dans le *Recueil de vers choisis*, publié par le libraire Josse, en 1694 et en 1701, sous la direction du Père Bouhours et des Jésuites de Trevoux. — La première, et non pas la plus mauvaise de ces pièces, est intitulée : *L'ombre de M. Descartes à Mademoiselle de la Vigne*. Il y a une *Réponse de Mademoiselle de la Vigne à l'ombre de M. Descartes*. — La seconde a pour titre : *Relation de la mort de M. Descartes, le philosophe*. Cette seconde pièce est partie en prose, partie en vers. J'aime mieux, pour mon compte, la prose que les vers, et je cite la prose : — « S'il vous prend envie de scavoir pourquoy je m'avise de faire mourir mon oncle quarante ans après sa mort (ceci nous reporte à 1690), j'ai à vous dire que c'est la révocation de l'Edit de Nantes qui en est cause. Il a passé par cette ville (Rennes) un vieillard qui, sachant que j'étois nièce du philosophe Descartes, m'embrassa de bon cœur, et me dit qu'il étoit à Stokolm quand mon oncle mourut. C'est un ministre qui alloit s'embarquer à Saint-Malo pour l'Angleterre. Il me parla tant de cette mort, que je crois que c'est luy qui a fait la relation que je vous envoie, car je tiens de luy tout ce que j'y ai mis. »

Viennent les vers, qui supposent que Descartes ayant révélé à la reine de Suède les secrets de la nature, celle-ci

« Se sentant découvrir, en parut indignée :
» Téméraire mortel, esprit audacieux,
» Apprends qu'impunément on ne voit pas les Dieux ! »
Telle que, dans un bain, belle et fière Diane,
Vous parutes aux yeux d'un trop hardi profane,

Quand cet heureux témoin de vos divins appas,
Paya ce beau moment par un affreux trépas ;
Telle, aux yeux de René, se voyant découverte,
La nature s'irrite et conjure sa perte,
Et d'un torrent d'humeurs qu'elle porte au cerveau,
Accable ce grand homme et le met au tombeau. »

Mademoiselle Descartes reprend la prose. « Si l'on ne veut recevoir une cause si poétique de la mort de M. Descartes, en voici une autre, meilleure pour la prose, et qui est plus vraisemblable. L'heure et le lieu que la Reine luy avoit donné pour l'entendre, étoit à cinq heures du matin, dans sa bibliothèque, c'est-à-dire en Suède, dans le fond de l'hiver, cinq ou six heures avant le jour, temps tout ensemble fort honorable et fort incommode pour le philosophe, né, comme il le disoit lui-même, dans les jardins de Touraine. Il y avoit un mois que cela duroit, quand il se trouva saisi d'une grande inflammation de poulmons et d'une violente fièvre, qui occupoit le cerveau par intervalle. Il demeuroit chez M. Chanut, alors ambassadeur de France; ils s'appeloient frères, et il y avoit effectivement entre eux une amitié ancienne, sincère et fraternelle. M. Chanut accourt à la chambre de son ami avec les médecins de la Reyne. Ils ne désespéroient pas de la guérir; mais le malade jugea qu'il étoit frappé à la mort. Cette pensée ne l'étonna point; au contraire, il se disposa à ce grand passage avec un recueillement d'esprit fort paisible. »

Les vers recommencent : c'est un dialogue philosophique entre Descartes et M. Chanut. J'aime encore mieux les dernières lignes en prose. — « Un très-dévot religieux, qui servoit d'aumônier à M. l'ambassadeur, s'étant approché, lui remontra que quoiqu'il se fût confessé et qu'il eût reçeu son Créateur depuis deux jours, il étoit plus à propos d'employer le peu de temps qui lui restoit à vivre, à demander pardon à Dieu, à craindre ses jugements et à espérer en sa miséricorde, qu'à des discours philosophiques. Le malade obéit tout-à-l'heure; il dit le dernier adieu à M. Chanut en l'embrassant avec tendresse; ensuite il dicta une lettre à ses deux frères, conseillers au Parlement de Bretagne, où entre autres choses, il leur récommande de pourvoir à la subsistance de sa nourrice, de laquelle il avoit toujours eu soin pendant sa vie. Puis, se retournant vers son confesseur, il passa cinq ou six heures qu'il vécut encore, en de continuels actes de piété et de religion. »

Mademoiselle de Scudéry avoit fait des vers sur une fauvette qui revenait dans son petit bois « *suivant sa coutume*, le *15 d'avril* » :

> Plus vite qu'une hirondelle,
> Je viens, avec les beaux jours,
> Comme fauvette fidèle,
> Avant le mois des amours.

Dans ces vers, il était assez bizarrement fait état de l'arrivée du Doge de Gênes en France, ce qui les date de 1685.

Mademoiselle Descartes écrivit, à peu près à la même époque sans doute, un madrigal sur la *Fauvette de Sapho* :

> « Voici quel est mon compliment
> Pour la plus belle des fauvettes :
> Quand elle revient où vous êtes :

Ah ! je m'écris alors, avec étonnement :
N'en déplaise à mon oncle, elle a du jugement ! »

Mademoiselle de Scudéry répliqua par une épître, intitulée : *Sapho à l'illustre Cartésie*, et qui finit par ces jolis vers :

« Après cela, Cartésie,
Pour vous parler franchement,
Il m'entre en la fantaisie
De vous gronder tendrement.
De ma fauvette fidèle,
Vous avez tous les appas,
Vous chantez aussi bien qu'elle,
Mais vous ne vous revenez pas. »

Je termine par la citation de vers que je crois inédits et que j'emprunte à des mémoires fort curieux, écrits par un gentilhomme du pays de Vannes, et que M. le docteur de Closmadeuc a eu la bonne fortune d'arracher à un bureau de tabac. Le gentilhomme écrit à ce propos :

« *Bouts rimés*, attribués à Mademoiselle Descartes, qui, à ce qu'on dit, n'en fait point ; mais M. de Francheville, qui les lui donnoit pour paroître en son nom. Madame de Pontchartrain la pria, à Vannes, de les remplir. Elle demanda du temps et un sujet. On lui donna : *Le triomphe de l'amour.* »

M. de Pontchartrain était le premier président du Parlement de Bretagne, depuis le mois d'août 1677 ; il occupa ce poste jusqu'au commencement de l'année 1687 ; mais il perdit son fils aîné, au mois d'août 1686 ; et il est évident que c'est antérieurement à cette dernière date qu'il faut placer les bouts rimés proposés par sa femme à Mademoiselle Descartes. — M. de Francheville n'était avocat général que depuis le 10 juin 1678; il est vrai qu'il était auparavant président du présidial de Vannes. Après avoir lu les vers incontestables de Mademoiselle Descartes, le lecteur n'aura aucun doute sur l'auteur du sonnet inédit que je publie :

LE TRIOMPHE DE L'AMOUR.

« L'amour a triomphé du fameux — *argonaute :*
Il règne dans la Cour comme dans le — *sérail :*
De l'univers entier il tient le — *gouvernail,*
Et donne à tous les cœurs la chaîne et la — *menotte.*

La prude, contre lui, des oraisons — *marmotte,*
L'Ermite ne veut voir que par un — *soupirail,*
Et croit briser ses fers, dans ce saint — *attirail ;*
Mais, qui peut d'un bel œil parer la douce — *botte ?*

L'ambitieux géant qui gémit sous — *l'Etna,*
Les belles, dont la fuite étonna — *Porsenna,*
Le héros, qui sortit vainqueur du — *labyrinthe,*

Tous ont senti les traits de ce petit — *bourreau,*
Et le sage d'Athène, et celui de — *Corinthe,*
Et du plus grand des dieux, il a fait un — *taureau.* »

Telles étaient les distractions des parlementaires pendant le long exil de Vannes. Les mémoires recueillis par M. le docteur de Closmadeuc, renferment une assez longue liste des petits traités et pamphlets manuscrits qui couraient dans les salons. Je relève dans cette liste un opuscule de l'un des Descartes, je ne sais lequel :

« *Portrait de l'amy sincère, sans déguisement, et de l'homme d'honneur, par M. Descartes, dédié à M. de Caradeuc.* »

La Biographie bretonne porte que, Catherine Descartes mourut à Rennes, en 1706. Je n'ai point retrouvé son extrait mortuaire.

XI.

Après avoir moi-même relevé dans les archives du Parlement de Bretagne, tous les documents relatifs à la Révolte du Papier timbré et à l'exil du Parlement à Vannes, 1675—1690 (1), et avoir publié ce travail dans les Mémoires de l'*Association bretonne*, je ne pourrais que me répéter, à propos du rôle, d'ailleurs peu saillant, que jouèrent personnellement les Descartes. C'étaient par tradition de famille et par nature, des hommes que l'on ne devait jamais voir dans l'opposition. D'un autre côté, cet exil, qui frappait si cruellement la majeure partie des conseillers, établis à Rennes et dans les environs de Rennes, pesait moins durement sur eux. A Vannes, ils étaient à la porte de Kerleau, et ils avaient à peu près la même distance qu'autrefois à les séparer de Chavagne. Par ailleurs, les relations toujours bienveillantes qui avaient été entretenues avec eux par le premier président d'Argouges, qui fut le parrain du fils aîné de Joachim de Kerleau, prirent, comme on l'a vu à propos de Catherine Descartes, un caractère encore plus intime, sous la présidence de

---

(1) Exil du Parlement de Bretagne à Vannes, in-8°. L. Prud'homme, à Saint-Brieuc; 1875.

M. de Pontchartrain ; le successeur de M. de Pontchartrain, M. de la Falluère, était le parent des Descartes par Françoise Ferrand, sa femme. Cette parenté et les relations affectueuses qui en furent la suite, sont constatées par nos registres de Saint-Pierre, en Saint-Georges.

René de Rosnyvinen, fils de Christophe et de Prudence Descartes, fut baptisé le 8 mars 1690.— « Parrain, haut et puissant seigneur, René Le Feuvre de la Falluère, premier président au Parlement de Bretagne. — Marraine, Dame Céleste Descartes, veuve de feu messire Amaury de la Moussaye (1). »

Françoise-Suzanne, fille de Jean de Rosnyvinen, et de Suzanne Descartes, née le 21 mars 1693, fut nommée le 28 mars 1693, et eut « pour parrain messire Joachim-François Descartes, seigneur de Kerleau, conseiller au Parlement, et pour marraine, demoiselle Catherine Le Feuvre, fille de messire René Le Feuvre de la Falluère, premier président, et de dame Françoise Ferrand, sa compagne et épouse (2). »

Le 9 septembre 1694, Catherine Descartes et Christophe de Piré, signent au baptême de René-Antoine Le Feuvre de la Falluère, fils de René-Antoine, et petit-fils du premier président, son parrain. Il avait pour marraine, dame Elisabeth Ferrand, veuve de messire Pierre Girardin, vivant, ambassadeur extraordinaire près la Porte (3).

---

(1) Registre de Saint-Pierre, en Saint-Georges.
(2) Registre de Saint-Pierre, en Saint-Georges.
(3) Registre de Saint-Pierre, en Saint-Georges.

Le lecteur aura remarqué que ces extraits sont postérieurs au retour du Parlement à Rennes.

Dans le dernier semestre de l'année 1678, Joachim II Descartes de Chavagne, le demi-frère de René, doyen de la Grand'Chambre pour le semestre de février, traita de sa charge avec M⁰ Jacques Raoul, avocat. Jacques Raoul fit enregistrer ses lettres de provision, et commettre un magistrat pour l'information de ses vie et mœurs, le 3 janvier 1679. Il passa son examen, et fut reçu le 10 mars. Le même jour Joachim Descartes de Chavagne fit enregistrer les lettres du 28 septembre 1678, qui lui conféraient le titre de conseiller honoraire.

Il mourut à Chavagne, en 1680. Le 30 octobre 1680, Joachim IV Descartes de Chavagne, son fils aîné, procédait au partage de sa succession et des biens dont Marguerite Dupont, sa veuve, survivante, avait fait l'abandon, le 28 octobre, à ses enfants, Joachim, Louis, Augustin, Francois, sieur de la Jaille, Joseph, et Anne-Louise, femme de messire René Ferré, seigneur de la Ville-ès-Blancs.

Il ne resta plus au Parlement que messire Joachim III de Kerleau, sous-doyen, et messire Joachim IV de Chavagne, qui devint doyen, en 1707, du semestre de février.

Joachim de Kerleau, malgré la parenté éloignée qui l'unissait à messire de la Falluère, premier président, le frère de celui-ci, M⁰ Nicolas Le Feuvre, étant doyen, fut chargé, en 1687, de l'information oficielle sur la vie, les mœurs et la religion catholique de M. de la Falluère.

Ce fut à Joachim Descartes de Kerleau que l'évêque de Vannes, Mgr de Vautorte, s'adressa, le premier, pour apaiser le différend qui s'éleva entre la cour et le clergé, en 1680, à propos de la messe d'onze heures, que le Parlement entendait chaque jour. C'était Joachim Descartes de Chavagne, qui avait acheté la charge de feu M. de Luigné, beau-frère de l'évêque de Vannes ; et les relations entre l'évêque et la famille Descartes étaient évidemment des plus cordiales.

Le Parlement rentra à Rennes, pour ouvrir la session de 1690, après quatorze ans d'exil. Deux causes contribuaient à diminuer en ce moment l'attrait des grandes familles pour les fonctions parlementaires. D'une part, la centralisation administrative avait détruit, l'une après l'autre, les attributions politiques qui avaient été concédées, par la force des choses, au Parlement, ou dont le Parlement s'était lui-même emparé, également par la force des choses ; d'autre part, l'augmentation de nombre des offices en avait diminué singulièrement le prix. On avait abaissé l'âge de réception des conseillers ; on avait rendu aussi facile que possible l'obtention du grade de licencié en droit ; l'empressement à rechercher les fontions de la magistrature n'augmenta pas.

C'est dans ces conditions que François-Joachim Descartes de Kerleau traita, de seconde main, de l'office que tenait et exerçait feu Me Charles Bidé, et qu'avait acquis de sa succession, un certain Me François-Charles Fouassier, qui renonçait à se prévaloir de son propre contrat. Il présenta ses lettres le 1er mars ; Me Nicolas Le Feuvre, frère du premier président et doyen du semestre, fut commis pour informer ; le candidat tira, à l'ouverture du livre, la loi XIIIe au Code *Mandati vel contra;* puis, le 9 mars 1691, il soutint cette thèse, après que Descartes de

Kerleau, son père, et Descartes de Chavagne, son oncle à la mode de Bretagne, se furent retirés ; et prêta serment, le 9 mars 1691.

Le 12 juin suivant, les deux Descartes, les vieux, font partie d'une commission chargée d'aller saluer au nom de la cour, le maréchal d'Estrées ; par une bizarrerie notable, les deux autres membres de cette commission portaient un nom que l'avenir devait illustrer à l'égal de celui de Descartes : c'étaient un Montalembert et un Charrette.

Le 25 juin de l'année suivante encore, les deux Descartes firent partie de la députation chargée de saluer, au nom de la cour, le peu sympathique duc de Chaulnes.

Le 31 mars 1693, ils remplissaient la même corvée honorifique à l'égard d'un personnage aussi peu sympathique : le marquis de Lavardin.

Puis, le 30 mai, il fallait aller à Vitré, saluer Monsieur Frère du Roi.

Le 8 juillet 1614, François Joachim, son père s'étant retiré, vint faire rapport sur un arrêt de partage de la chambre des enquêtes, entre Louis Menard, seigneur du Pavillon, ancien maire de Nantes, et Charles Soin et Marie Menard, sa femme.

Les années suivantes furent marquées par deux faits assez singuliers : deux membres du Parlement de Metz, M⁰ Charles de Beauclerc, en 1696, et M⁰ Arnibal de Farcy de la Dagrée, en 1697, se rendirent acquéreurs de deux charges au Parlement de Rennes, et vinrent y prendre séance, sans examen.

Les impôts se multipliaient et prenaient toutes les formes ; on exigea, en 1697, l'enregistrement des armoiries. Pour l'exécution de cet édit, et à la suite de la mise aux enchères de 500 nouveaux titres de noblesse :

« La cour, — le 26 février 1697, — a ordonné et ordonne que le greffier en chef prendra soin de retirer incessamment de Messieurs l'écusson de leurs armoiries et le droit que S. M. veut être payé pour raison de ce, qu'il retiendra même sur leurs gages; qu'à cet effet, il sera écrit aux absents à ce qu'ils aient à y satisfaire incessamment, tant pour eux que pour leurs femmes. »

C'est en cette année 1697, le 16 juillet, que François-Joachim Descartes épousa Anne-Marguerite-Sylvie-Joséphe Quifistre de Bavalan, fille de messire Jean-Vincent de Quifistre, seigneur de Bavalan et de dame Marie-Anne Marin de Moncaut.

Une seule fille, née de ce mariage, Marie-Sylvie Descartes, épousa messire René-Jacques-Louis Le Prestre de Châteaugiron, qui devint, en 1756, président à mortier au Parlement de Bretagne.

Du mariage de Marguerite Sylvie Descartes avec M. Le Prestre de Châteaugiron, il ne sortit qu'un fils unique, René-Joseph Le Prestre, né le 17 février 1753, marié le 16 février 1773, à Agathe de Trecesson.

Marguerite-Sylvie Descartes et son père, François-Joachim, furent enterrés dans l'église d'Elven, dans la chapelle privative de Kerleau, du côté de l'épître. La tombe de madame de Châteaugiron, transformée en seuil d'échalier, et qui a causé de très-légitimes indignations aux touristes, qui trouvaient ainsi le nom des Descartes foulé aux pieds, a été récemmont transportée auprès de la belle chapelle de Kerleau. Elle porte l'inscription mutilée que je reproduis :

*Cy gît le corps de D.....
S..... Descartes, dame
de Châteaugiron, décédée
le 13 de juillet 1762.
Priez Dieu pour eux.*

En 1754, madame de Châteaugiron avait donné à l'église d'Elven un *nouveau* et *grand soleil* pour exposer le Saint-Sacrement. Cet ostensoir avait été fait par M⁰ Loyson, orfèvre à Rennes.

J'ai dit plus haut comment Joachim Descartes de Chavagne, après avoir veillé à l'établissement de ses quatre filles, s'était fait prêtre, d'où était venue naturellement, sous la plume de Baillet, la qualification de *conseiller clerc*. Il n'y eut point en Bretagne de *conseillers clercs*. A l'entrée de Joachim Descartes, le père, en 1586, la cour arrivait au résultat des longues résistances opposées aux volontés du Roi, qui avait eu la pensée de créer à son Parlement de Bretagne huit siéges ecclésiastiques. Après cinq années de luttes, le Roi renonça à cette création, et il arriva qu'en Bretagne, on vit siéger des ecclésiastiques comme conseillers, mais comme conseillers laïques. Je relève quelques noms : d'Arradon, qui fut évêque de Vannes et conseiller de la Ligue; Pierre de Cornulier, abbé de St-Méen, et plus tard, évêque de Rennes; René Le Prestre, Sʳ de Lezonnet; Claude Saguier, frère de celui dont Joachim Descartes de Chavagne acheta la charge, chanoine et scholastique en l'église cathédrale de Nantes. Robert Constantin, en 1657, fut envoyé à la Tournelle. Il s'excusa de ne pouvoir connaître des affaires criminelles, étant prêtre. Son frère, Jacques Constantin, offrit de le remplacer à la Tournelle jusqu'à ce qu'il eût permuté. Il permuta avec Martin de Savonières, et garda un siége civil. François Boilève, prêtre, prieur du Chêne-Courbé, ne put aussi faire partie de la Tournelle. — « La cour lui accorda de permuter (14 février 1671), mais ordonne que, dorénavant, ces sortes d'excuses devront être dénoncées dès le jour de la réception. » Gilles-André Barrin, chanoine de Saint-Pierre de Rennes, en 1692, avait traité de la charge de feu Florian Jacquelot, et fut reçu après la dénonciation faite par lui de son caractère sacerdotal. Tel était l'état de la jurisprudence locale, lorsque Joachim Descartes entra dans les ordres, tout en conservant ses fonctions au Parlement.

En 1698, Joachim Descartes de Kerleau s'étant retiré, la cour eut à connaître de l'affaire d'un conseiller, François-Louis Marin, dont le fils de Descartes allait épouser la nièce. Je relève ce petit trait de mœurs. Le père et la mère d'Anne Moreau, femme de César Vincent, capitaine au régiment de Sourches, portèrent plainte contre le conseiller Marin, qui avait maltraité la femme Vincent. Le conseiller, le 17 mai 1698, est suspendu de son office pour six mois : il lui est interdit de se trouver dans les lieux où se rencontrera la dite Vincent, sauf les églises ; il est condamné à faire des excuses à la dite Vincent et à sa mère, au logis de M⁰ Le Feuvre, doyen, en présence de M⁰ Jean Grimaudet, conseiller, et en trois mille livres de dépens, pour tous dommages-intérêts, si mieux n'aime la dite Vincent faire faire la taxe des dépens. »

Le 6 juin, la cour, Joachim Descartes de Kerleau s'étant encore retiré, fit, en audience solennelle, une sévère admonestation au conseiller Morin sur « l'emportement par lui commis, contre la modération convenable à la charge dont il est revêtu, et de laquelle action il a lui-même reconnu la conséquence, par le repentir qu'il en a lui-même témoigné, et lui enjoint, de la part de la Compagnie, de se comporter à l'avenir avec plus de retenue. »

Je note que ce fut en cette année 1698, que, à l'instar de Paris, on entreprit de placer à Rennes « des lanternes de vingt pouces de haut, sur douze de large, posées au milieu des rues, à la distance de cinq à six toises l'une de l'autre. »

Puisque j'en suis aux anecdotes, je note encore ces traits des audiences des 13 et 23 février 1699, auxquelles étaient assis les Descartes :

« 13 février. Le procureur général a été averti qu'encore, bien que, par les ordonnances et arrêts et règlements de la cour, il soit très-expressément défendus à tous juges de tenir cabaret, comme une chose peu convenable à leur profession et à leur caractère, il a déjà été averti que le nommé Hammonier, sénéchal de Mûr, tenait publiquement cabaret, ce qu'il étoit important d'empêcher. La cour fit la défense, sous les peines anciennes édictées, et plus grandes peines, si il est vu appartenir. »

Le 23 février. La cour fait venir le syndic et les membres du conseil des procureurs, et leur reproche de ne point être réguliers à leurs bancs pendant les audiences. — Le syndic répond que les procureurs, toujours très-soumis aux ordres de la cour, ne demanderaient pas mieux, mais que leurs bancs sont envahis par les laquais de Messieurs qui s'y installent pour jouer au brelan, et ne veulent pas quitter la place; que les huissiers refusent de la faire vider, et que si la cour veut y donner ordre, les procureurs ne déserteront pas leur poste. La cour ordonne « que les procureurs devront être à leur banc, de neuf heures à midi, en hiver, et de huit heures à midi en été, et que, s'ils sont occupés en d'autres chambres du Parlement, ils y laisseront un de leurs clercs ; fait défense à tous laquais et gens de livrée d'occuper les dits bancs, à peine de punition exemplaire. »

Le 21 avril 1700, la cour députe deux conseillers pour aller visiter M⁹ Joachim Descartes de Kerleau, détenu malade au lit depuis quelques jours.

29 avril 1700. « La cour avertie que les parents, amis et bienveillants de défunt Mᵉ Joachim Descartes de Kerleau, conseiller en icelle, étoient au parquet des huissiers et désiroient l'entrée en la dite cour, et icelle leur ayant été permise, et présentés par Mᵉ Nicolas Le Feuvre, conseiller, ont dit que le dit Mᵉ Joachim Descartes, conseiller, étant décédé en cette ville de Rennes depuis quelques jours, ils avoient délibéré, suivant sa volonté, de faire, ce jour, ses obsèques et funérailles dans l'église et paroisse de Saint-Etienne de cette ville, aux onze heures du matin de ce jour, pourquoi ils supplioient la cour d'honorer la mémoire du dit défunt de son assistance aux dites obsèques. Sur quoi leur a été dit par Messire Pierre de Chertemps, président, que la cour se trouveroit en corps aux dites obsèques, et honoreroit de sa présence le convoi et les funérailles du dit défunt, et que les Présidiaux de Rennes seront avertis de s'y trouver. »

La charge de Joachim Descartes de Kerleau fut cédée à Mᵉ Guillaume de La Noue, qui passa son examen et fut reçu le 16 juillet 1701.

L'année 1703 fut presque toute remplie par les difficultés que la cour trouva à fournir au Roi, d'une part, 400,000 livres, pour augmentation de gages; d'autre part, 24,600 livres, offertes par elle pour ne pas enregistrer l'ordonnance qui créait quatre nouveaux siéges de conseillers, attribuables à de simples roturiers. L'argent était rare partout, absolument introuvable en Bretagne.

Le premier président, René Le Feuvre de la Falluère, avait donné sa démission. Il fut remplacé par Messire Pierre de Brilhac, conseiller au Parlement de Paris, qui, après l'enquête d'usage, faite par Mᵉ Joachim Descartes, fit son entrée au Parlement, le 16 juin 1703. Ses harangues ressemblent à toutes les harangues officielles. J'aime mieux relever encore toute une scène qui donne une vue sur les mœurs des campagnes, au commencement du xviiiᵉ siècle. Le 1ᵉʳ juin 1703, l'avocat général, en l'absence du procureur général et sur la dénonciation du promoteur de Rennes, vint dire à la cour « les détails d'une profanation et impiété très-grande qui se commettoit tous les ans dans les paroisses de Meslé, St-Georges de Raintambault et Louvigné du Désert. Le lundi de la Pentecôte, on faisoit une espèce de procession scandaleuse à cheval. L'un des acteurs faisoit figure et fonction de prêtre, et l'on chantoit au pied des autels des trois paroisses, malgré les recteurs. Le 24 mai, la cour avoit rendu un arrêt pour défendre ces saturnales, qui fut publié au prône et notifié aux juges locaux. » Les paroissiens de Saint-Georges de Raintambault se soumirent ; deux des paroissiens de

Meslé résistèrent seuls ; mais ceux de Louvigné du Désert, en très-grand nombre, se révoltèrent tout net. « Au prône, il se fit un grand murmure ; lesnommés Pierre Ruban et René Plessix se levèrent dans l'église et dirent hautement qu'ils se moquoient de l'arrêt, et que cela ne les empêcheroit pas de faire leur procession à l'ordinaire. Incontinent, après la messe finie, le nommé Desmoulins, qui faisoit fonction de prêtre dans la cérémonie, et qui s'appeloit à cause de cela *le vicaire de la Pentecôte*, monta sur le plus haut gradin de la croix du cimetière, et annonça à haute voix qu'il ne falloit pas se mettre en peine des arrêts de la cour, et que l'on eût à se trouver le lendemain, en grand nombre, avec de bons chevaux et de bons équipages. Il répéta la même chose à l'issue des vêpres ; on afficha un placard portant que tous ceux qui ne seroient pas à la procession, passeroient pour hérétiques.

» Le sieur Nicolas Le Comte, sieur de Sainte-Croix, procureur d'office de la juridiction de Louvigné, bien loin d'appuyer les arrêts de la cour, assista lui-même à cheval à la prétendue procession, et parut un des plus animés pour la maintenir, disant hautement que, nonobstant les arrêts, on n'en feroit ni plus, ni moins. La veille, il étoit allé avec toute la troupe au presbytère de Louvigné, sommer le sieur Lory, curé, de leur dire la messe le lendemain, dès cinq heures du matin, faute de quoi ils lui auroient ôté les ornements à l'église. La troupe partie de Louvigné, alla à Saint-Georges de Raintambault, entra dans l'église et voulut pénétrer dans le sanctuaire. Le recteur s'y opposa. Ils retournèrent à Louvigné, entrèrent dans l'église, au moment où l'on donnoit la communion aux fidèles, et, malgré l'exposition du Saint-Ciboire, forcèrent le curé à s'évader par un chemin détourné, après l'avoir menacé et insulté. La troupe portoit deux étendards, l'un rouge et blanc, porté par Louichon de Meslé, et l'autre, de couleur verte, porté par Louvel de Louvigné. »

La cour commit les magistrats du présidial de Rennes pour informer.

Le 21 juin 1705, on trouve une suite de cette affaire. — L'un des habitants de Meslé, qui avait pris part aux processions du lundi de la Pentecôte, parties de Louvigné, avait été condamné à faire amende honorable, le lundi de la Pentecôte de cette année, un cierge allumé à la main, et à genoux à la grand'-messe, qui se chanterait à Meslé. Il n'avait point exécuté l'arrêt et avait été mis en prison; le procureur général demande que ce pauvre diable, qui se nommait Nicolas Le Comte, soit autorisé à faire son amende honorable au plus prochain dimanche. — La cour l'y autorise, et dit que, sur le procès-verbal, signé par le recteur de la paroisse, de l'exécution de l'arrêt, il sera relâché.

En 1705, le 17 février, le procureur général expose que, par un abus qui s'est glissé depuis quelque temps dans la province, et par la négligence des juges préposés pour le fait des chasses, « toutes sortes de personnes se donnent la liberté de tirer sur les cerfs et biches, de manière que cette province qu'on a vue plus remplie de fauves qu'aucune autre du royaume, s'en trouveroit bientôt entièrement dépeuplée s'il n'y étoit pourvu. » — Arrêt qui rappelle les anciennes et nouvelles ordonnances en matière de chasse.

Quatre mois après cet arrêt sur la chasse, il fut

assez piquant de constater le fait suivant à la charge du sieur de Coulange, maître particulier des eaux et forêts, à Fougères. Le nommé Boulay, inspecteur aux boucheries, fut prévenu que Coulange avait introduit une génisse morte, en fraude et sans payer les droits du Roi. Il guetta et, accompagné d'un sieur Dussaut, son trésorier, il surprit, la nuit de la Saint-Jean, Coulange, sa femme, et le procureur du Roi de la maîtrise des eaux et forêts, occupés à écorcher, non une génisse, comme on l'avait dit à Boulay, mais une biche. Le procureur général exposait : « que cette action qui se voit si sévèrement punie contre toutes sortes de personnes, est bien plus condamnable, lorsque, comme dans cette rencontre, ce sont les juges mêmes, chargés d'empêcher ces désordres, qui les commettent. »

Après la chasse, le théâtre. — Le Parlement, très-gallican et un peu janséniste, se montra toujours très-hostile au théâtre populaire.

« 21 juillet 1705, le procureur général du Roy, entré en la cour, a remontré que, par un arrêt du 12 juin 1704, sur l'avis qu'il avoit eu qu'on avoit représenté dans un des faubourgs de Guingamp une manière de tragédie, en dérision de la religion, où l'on faisoit voir sainte Anne accouchant sur le théâtre, et des personnes habillées en prêtres ; il avoit été fait défense de faire de pareilles représentations, sous peine d'être procédé extraordinairement contre ceux qui les représenteroient ; que cependant il a été informé que, dans le diocèse de Tréguier, on continuoit à représenter de ces sortes de tragédies, sous prétexte que le premier arrêt défendoit de faire de *pareilles* représentations : abusant de ce terme de *pareilles*, ils croient, pourvu que ce ne soit pas tout-à-fait la même chose, pouvoir se donner la liberté de faire de ces tragédies, dans la représentation desquelles il y a toujours quelque chose de licencieux et contre la religion, et qu'il étoit nécessaire d'arrêter le cours d'un pareil abus.

» La cour faisant droit, fait défense à toutes personnes de représenter aucune pièce ou tragédie licencieuse et contre le respect dû à la religion : enjoint aux juges des lieux, chacun en droit soi, de tenir la main à l'exécution du présent arrêt, qui sera lu et publié où requis sera. »

Jean-Baptiste de Rosnyvinen, petit-fils de Joachim Descartes de Chavagne, fut pourvu d'un office de création nouvelle pour le semestre de février, et vint s'asseoir, en 1707, à côté de son grand-père, qui devint doyen après la mort de Nicolas Le Feuvre, survenue le 23 avril 1707.

A ce propos, je remarque que, depuis son élévation au sacerdoce, Joachim Descartes n'assiste jamais aux processions, aux *Te Deum* et à toutes les cérémonies religieuses dans les rangs de la cour. Il est évident qu'il y assistait comme prêtre et dans les rangs du clergé. Je fais la même remarque pour les enterrements de présidents ; il n'est pas indiqué comme doyen, pour porter les cordons du poêle ; très-évidemment encore, à cause de son caractère sacerdotal.

François-Joachim Descartes de Kerleau monta à la Grand'Chambre en 1708. Il fut souvent rapporteur dans les affaires civiles, les seules dont s'occupât désormais le Parlement.

Quand j'écris que le Parlement ne s'occupait que

d'affaires civiles, je n'entends pas dire qu'il ne saisit pas les occasions de s'occuper d'autres choses. Le 3 mars 1714, notamment, toutes chambres assemblées, Joachim Descartes de Chavagne étant absent, la cour dût procéder à l'enregistrement des lettres patentes du Roi, qui ordonnaient la publication d'une bulle du Souverain-Pontife. La cour fit les réserves suivantes :

« La cour a décerné acte au procureur général de la représentation des dites lettres patentes et constitution : arrête et ordonne qu'elles seront enregistrées au greffe d'icelle, lues et publiées en l'audience pour avoir effet suivant la volonté de Sa Majesté, sans approbation des décrets non reçus dans le royaume, énoncés dans la constitution ; comme aussi sans préjudice des libertés de l'Eglise gallicane, droits et prééminences de la couronne, pouvoir et juridiction des évêques du royaume, et sans que la condamnation des propositions qui regardent la matière de l'excommunication puisse donner atteinte aux maximes et usages du royaume, et sans que jamais, sous prétexte de la dite condamnation, on puisse prétendre que, lorsqu'il s'agit de l'Eglise et de l'obéissance due au Roy, de l'observation des lois de l'Etat et autres devoirs réels et véritables, la crainte d'une excommunication injuste puisse empêcher les sujets du Roy de les accomplir. »

Joachim Descartes de Chavagne ne paraît presque plus à la cour. — Nous avons sous les yeux son testament olographe, commencé en 1711 et achevé en 1714.

De ses quatre filles, Suzanne, femme de Jean de Rosnyvinen, était morte avant 1711. Il avait vendu la plupart de ses immeubles dans le pays nantais. Sa fortune, qu'il estimait lui-même à 371,083 livres 11 sous et 1 denier (je trouve le denier merveilleux), avait été par le fait partagée, de son vivant, entre ses filles, en constituant à Madame de Piré un avantage considérable, à cause de son droit d'aînesse. Le testateur poursuit :

« Comme après la mort de ma femme, bien loin d'avoir la pensée d'un second mariage, je n'en eus point d'autre que de me donner tout entier au soin et à l'avancement des filles qu'elle me laissoit, et de reputer mon bien à elles comme si ma succession leur eût déjà été échue ; je négligeai de faire des inventaires et toutes ces divisions de biens, que font d'ordinaire les pères qui veulent avoir d'autres intérêts que ceux des leurs. Sans m'arrêter donc à ces distinctions, qui seroient à présent très-difficiles à faire et même inutiles, puisqu'il n'y a pas d'apparence que la succession de mes enfants passe à des collatéraux, je vais exposer ici tout l'état de mes affaires. Après quoi, il sera aisé de voir ce qui pourroit à la rigueur appartenir à chacune de mes filles, et ce que j'ai pu faire en conscience et suivant les lois. »

« Il me reste, ajoute-t-il plus loin, ma charge de conseiller non originaire au Parlement de Bretagne, laquelle, dans l'espérance que les temps ne seront pas toujours si malheureux, je crois pouvoir estimer 45,000 livres, quoique je l'aie achetée autrefois 95,000 livres. »

Il lui restait, en outre, 60,149 livres 11 sous 8 deniers de créances diverses, dont quelques-unes, notamment celle sur la succession de son beau-frère, d'Avaugour, comte de Vertus, étaient plus que véreuses.

« J'ai, dit-il en terminant, peu de meubles, dont la partie la plus considérable consiste en quelque vaisselle d'argent, le tout armoyé des armes de mon père et de ma mère, excepté quelques cuillers et quelques fourchettes, qui le sont seulement des miennes. — Plus une tapisserie, qui m'a coûté cent écus, et qui est en ma chambre à Rennes ; quelques tableaux et mes livres, qui sont tant à Rennes qu'à Piré. J'estime le tout, pour le moins, quatre mille livres. »

Ses dettes étaient absolument nulles.

« J'espère, ajoute le testateur, que mes gendres et mes filles voudront bien se tenir aux dispositions ci-dessus écrites et à mon intention, qui est que chacun se tienne comme il est, et que ma fille de Piré recueille le reste de ma succession, tel qu'il se trouvera. Je les exhorte et les y convie par toute la tendresse et l'affection que j'ai toujours eue à leur égard, et à vivre toujours en une union sincère et fraternelle telle qu'elle a été jusqu'à présent, sans s'arrêter à chicaner sur des intérêts, et des pointilles qui conviennent plus à des clercs de palais, qu'à des gens d'honneur et de condition, la chicane étant, particulièrement en Bretagne, où elle règne plus qu'ailleurs, la peste, la ruine et le déshonneur des familles. »

A l'avant-dernière page de ce long testament, qui en contient douze entières, Joachim Descartes répète :

« Je n'ai exposé tout ce qui est écrit cy-devant que dans l'intention seulement de faire voir de quelle manière j'ai disposé des choses….. ; en sorte que le peu qui se trouveroit à redire en toute rigueur, de côté et d'autre, ne merite pas que par des retours et des pointilles de chicane, comme l'air de Rennes souvent l'inspire, on vienne troubler la paix et l'ordre que j'ai toujours voulu, par-dessus toutes choses, chercher à établir en ma famille. »

A la fin du testament, Joachim charge sa fille de Piré, de ses legs à ses domestiques :

« Je la charge de donner à Savary, dont je suis fort content, la somme de quinze cents livres; mais que ce soit en sorte que cette somme n'entre pas en communauté avec sa femme.

» Je la charge, par ailleurs, de donner cinq cents livres à Saint-Jean, mon garçon.

» Je désire qu'après ma mort, cet original demeure aux mains de la sœur aînée.

» Fait et écrit de ma main, sur douze pages de papier. — A Rennes, le 29 de juillet 1711 (et cette date effacée), le 29 de juillet 1714. — Joachim Descartes. »

Joachim Descartes mourut au château de Piré, chez sa fille, le 8 août 1718.

On lit dans les registres paroissiaux de Piré :

« 9 août 1718. Le corps de Messire Joachim Descartes, seigneur de Chavagne, prêtre et doyen du Parlement de Bretagne, âgé de quatre-vingt-trois ans trois mois, et décédé au château du Plessy, le 8 août 1718, a été inhumé dans l'église de Piré le jour suivant; la cérémonie faite par M. le recteur et prieur d'Amanlis. Ont été présents, maître Pierre Gicquel, sieur de L'ouré, procureur fiscal de la châtellenie de Piré; maître Mathurin Bellier, sieur de la Grée, et plusieurs autres. — Signé : Julien Marzelle, curé. »

La charge de Joachim Descartes fut vendue le 12 juin 1719, par Christophe de Piré, à M. Etienne-Hyacinthe Poullain fils, avocat. C'était une cession fictive et pour éviter toute déchéance. La place fut réellement vendue, le 18 décembre 1721, à Messire Louis-Ange de la Motte, seigneur d'Aubigné, en Anjou, pour la somme de 38,000 livres. — On se rappelle qu'elle avait coûté le double à Joachim Descartes.

Il ne restait plus au Parlement, pour représenter le nom, que François-Joachim Descartes de Kerleau, dont il faut raconter la courte histoire parlementaire.

XII.

Louis XIV était mort, et la régence du duc d'Orléans s'était ouverte. La Bretagne, obérée, avait pour commandant et pour gouverneur effectif, sous le titre honorifique du Comte de Toulouse, le maréchal de Châteaurenault, breton par alliance, possesseur d'une grande fortune territoriale dans la province, vraiment attaché aux intérêts bretons, et fort aimé en Bretagne. Il mourut en 1716. En 1717, son successeur, le maréchal de Montesquiou fit son entrée en Bretagne. Il se fit introduire au Parlement, le 5 avril 1717, et, ni dans sa harangue, ni dans la réponse du président de Cornulier, rien ne pouvait faire pressentir les orages que ce malencontreux et despotique gouverneur allait bientôt déchaîner sur la province. Voici la harangue du maréchal de Montesquiou :

« Messieurs, je n'ai point d'expressions assez vives pour vous témoigner combien je suis pénétré de l'obligeant empressement que vous avez marqué pour l'enregistrement de mes lettres patentes.

» Je suis encore plus flatté de ce que le commandement général de la province, dont Sa Majesté et Son Altesse Royale m'ont honoré, me donne lieu de prendre place dans une compagnie aussi célèbre, aussi auguste et aussi noble que la vôtre.

» J'espère, Messieurs, que ce sera le degré pour monter à l'union parfaite avec votre illustre corps, union si désirable et, si j'ose le dire, absolument nécessaire, tant pour l'exécution des ordres de S. M., que pour le bien de la province, et pour vos intérêts particuliers à tous.

» Trois points qui régleront toute mon attention et rempliront tous mes souhaits pendant le temps que j'aurai l'honneur de commander dans la province.

» Heureux, si, par mon application et mes soins à vous plaire, je puis m'attirer votre confiance et vos bons et sages conseils, tant pour bien servir S. M. et la province, que pour mériter l'honneur de votre amitié, que je vous demande à tous, en général et en particulier. »

Quelques mois à peine s'étaient écoulés que les dénonciations répétées et odieuses du maréchal contre le Parlement amenaient le déluge de lettres de cachet, et même les condamnations à mort, qui atteignirent un certain nombre de ses membres. Les deux semestres se virent frappés. Si ce fut le semestre d'août qui enregistra les protestations des Etats, le 13 août 1718, et qui rendit l'arrêt du 7 septembre, qu'un huissier à la chaîne, envoyé, au nom du Roi, vint biffer sur les registres, — ce fut la séance de février qui dépêcha deux de ses présidents, MM. de la Bourdonnaye et de Robien et quatorze conseillers pour aller porter au Roi les remontrances de la compagnie (mars 1718).

François-Joachim Descartes ne fit pas partie de cette députation, parce que son nom ne figurait pas des premiers au rôle de la Grand'Chambre, où il venait de monter, et parce que l'on prit successivement les députés dans les diverses chambres inférieures ; mais je constate que son attitude laissa si peu de doutes sur son opinion, qu'il fut l'un des commissaires choisis pour réviser le texte des mémoires remis par la cour à ses députés (23 février 1718). Non pas que François-Joachim fît du zèle, cela n'était pas, on l'a vu, dans les traditions de sa famille ; je dois même noter son absence, évidemment systématique, dans toutes les réunions générales des semestres, où il fut fait état de l'exil du président de Larlan et du conseiller de Lambilly, des préliminaires, si je puis ainsi dire, de la lutte entre le gouverneur et la province; mais, lorsque l'honneur même du Parlement et les principes de son indépendance furent en jeu, Descartes n'hésita pas.

Je n'entrerai pas dans les détails, après ce qu'a écrit M. de la Borderie ; et il n'y aurait que des détails à propos de la lutte que l'on a qualifiée de *Conspiration de Pontcallec*, et où, à coup-sûr, le beau rôle ne fut, ni pour le gouverneur, ni pour le gouvernement lui-même. Suivant la tradition inaugurée par Richelieu, la solution sanglante du débat fut confiée à une commission spéciale, dont tous les membres du Parlement furent absolument exclus : si Chalais compta un Descartes parmi ses juges, Pontcallec ne trouva pas le dernier des Descartes parmi les siens. Je veux dire seulement que le procureur-syndic des Etats, ayant protesté, le 1ᵉʳ mars 1719, contre l'édit qui augmentait au profit du trésor, et sans le visa des Etats, ce que nous appellerions aujourd'hui les contributions indirectes, le Parlement décernant acte de cette opposition à l'enregistrement de la déclaration du Roi, et ordonnant «que, sur icelle, il seroit fait de très-humbles remontrances au Roy», nomma, pour travailler à ces remontrances, six de ses conseillers, parmi lesquels François-Joachim Descartes, évidemment favorable aux justes prétentions des Etats, sans le concours desquels aucun impôt nouveau ne pouvait être légalement appliqué en Bretagne.

Dans ce même temps, le Parlement avait un sujet de préoccupations tout intime. Dans les dernières années du règne de Louis XIV, la compagnie, journellement frappée d'impositions nouvelles, sous le nom pompeux d'augmentation de ses gages, avait dû recourir à l'emprunt, et la misère des temps était telle que cet emprunt fut souvent contracté à un taux presque usuraire.

Le Parlement avait des créanciers qui exigeaient le denier 18, le denier 20, le denier 22 de leurs écus ; la circulation nouvelle du papier avait momentanément abaissé le prix de l'argent, et le Parlement voulut profiter des circonstances pour convertir son emprunt.

Tout le premier semestre de 1719 est rempli de délibérations relatives à cet objet, et notre François-Joachim Descartes, qui, paraît-il, avait montré des aptitudes financières, est toujours membre des commissions nommées pour arriver au but proposé.

Une autre préoccupation du Parlement fut d'empêcher la mise en vigueur, en Bretagne, de la constitution pontificale si célèbre, *Unigenitus*. Des chanoines et des prêtres non conformistes, s'étant vu refuser la permission de célébrer la messe, par des curés et de simples recteurs, fidèles à l'autorité légitime de l'Eglise, en référèrent au Parlement, qui manifesta par plusieurs arrêts, auxquels je regrette de trouver mêlé le nom de Descartes, ses tendances gallicanes. En revanche le grand vicaire de Nantes, l'abbé Barrin, d'une famille parlementaire, et qui avait eu une jeunesse un peu orageuse, marquée par des poëmes peu ecclésiastiques, mais qui, dans l'âge mûr, avait écrit une fort bonne vie de Françoise d'Amboise, est noté dans ces arrêts de 1719, parmi les prêtres courageusement fidèles au Saint-Siége et aux principes catholiques.

Les registres du Parlement de 1717 à 1719 suffiraient seuls à montrer combien le mouvement breton était étranger à la conspiration dite de Cellamare. A plusieurs reprises des brochures destinées à propager le désir d'une régence espagnole furent introduites en Bretagne; toujours elles furent dénoncées au Parlement et confisquées sans hésitation. Je transcris quelques passages du dernier des réquisitoires relatifs à ces brochures.

Du samedi 17 juin 1719, Descartes présent, le procureur général entré en la cour, a dit : — « Messieurs, le mépris que le royaume avoit marqué pour certains libelles séditieux répandus dans la France depuis le commencement de cette année sous le nom du Roy catholique, et l'indignation générale qui en avoit été le seul fruit, devoient sans doute avoir fait perdre toute espérance aux auteurs de ces écrits téméraires et les avoir dégoûtés de travailler à surprendre la fidélité de la nation française. Il vient cependant d'en paroître un nouveau, dans lequel les esprits dangereux semblent avoir redoublé leurs efforts pour semer, s'il étoit possible, le trouble et la révolte. Il porte pour titre : *Déclaration de S. M. catholique au sujet de la résolution qu'elle a prise de se mettre à la tête de ses troupes pour favoriser les intérêts de S. M. très-chrétienne et de la nation française.* A ce titre, il est aisé de juger quel doit être le caractère de l'ouvrage. Après avoir insulté dans les premiers libelles que nous avons déjà condamnés, l'autorité la plus respectable par les termes les plus injurieux, on en vient, Messieurs, dans celui-cy, jusqu'à vouloir faire douter qu'elle soit légitime, comme si les droits de la naissance, le concours de tous les parlements et les vœux des peuples n'en avoient pas consacré le dépôt entre les mains de M. le duc d'Orléans…. Continuez, Messieurs, d'opposer votre autorité à des entreprises si criminelles ; pour moi, plus ces esprits brouillons s'opiniâtreront à vouloir troubler la paix et la tranquillité publique , plus je me croirai obligé à opposer à leur témérité toute la fermeté que le ministère dont je suis honoré, et mon inclination ne manqueront jamais de m'inspirer. »

Le Parlement ordonna sur l'heure la confiscation de la brochure. Telle fut constamment, sur ces questions et dans ces conjonctures, l'attitude du corps entier : fidélité aux principes et au Roi, respect de la légalité; et tant que les Etats luttèrent sur le terrain légal, le Parlement fut avec eux contre le maréchal de Montesquiou.

Le 16 juillet, la cour, en robes rouges, assistait au *Te Deum*, chanté pour la paix de Fontarabie.

Avec l'année 1720, on vit revenir le premier président de Brilhac. Il apportait la nouvelle que plusieurs personnes se proposaient de prêter des fonds au Parlement, à raison seulement du denier 33. François-Joachim Descates fut encore l'un des commissaires chargés de procéder à la conversion de 120,000 livres sur ce pied. Au mois de mai, on trouvait un prêteur au denier 40; au mois d'avril, on en trouvait au denier 50.

Les épices et vacations s'élevaient à cette époque à une somme annuelle qui dépassait 50,000 livres. Il y avait eu d'abord un conseiller ayant la charge de ces épices comme trésorier : à la mort de Me Marot, le dernier titulaire, le greffier en chef en avait été investi pour la grand'chambre ; le greffier des enquêtes, pour sa chambre, et le greffier criminel, pour la sienne. Mais cela avait été l'occasion d'une perte de cinq mille livres, en 1719, pour le greffier en chef, qu'un de ses commis avait volé, et il demandait avec instance que la cour constituât un nouveau receveur; la même demande était faite par le greffier des enquêtes. La cour, le 18 avril 1720, nomma pour son trésorier et receveur spécial, Me Jean-Baptiste Gerbier, premier commis-greffier, l'oncle de l'avocat célèbre, qui devait, trente ans plus tard, illustrer ce même nom. Descartes fut encore un des commissaires chargés de régler les comptes des greffiers, et de formuler le traité avec le nouveau receveur, auquel on concéda, moyennant la caution de François Gerbier, son père, une remise de six deniers pour livre, et un bureau spécial dans le palais.

Au mois de juin 1720, tous les créanciers du Parlement, sauf deux, avaient accepté la réduction d'intérêts au denier 50. Les deux créanciers récalcitrants étaient, qui l'aurait cru ? d'abord un conseiller au Parlement, M⁰ Jacques-Gervais Huart, puis les hôpitaux de Rennes. On les remboursa moyennant une somme de 16,755 liv. de principal, qui fut constituée au denier 50, produisant de rente 335 livres 2 sous, à un groupe de présidents et de conseillers, qui ainsi degrévèrent le Parlement et leurs offices. Je vois que les simples conseillers, parmi lesquels François-Joachim Descartes, fournirent chacun 853 livres 15 sous, tandis que les présidents donnaient 1707 livres 10 sous, c'est-à-dire le double.

Je relève, à la fin du registre de 1720, un détail relatif aux obsèques des femmes de conseillers mortes à Rennes. J'ai dit, qu'après avoir statué que la cour en corps se rendrait à leurs obsèques, le Parlement avait décidé que cet honneur serait réservé à la seule femme du premier président. Madame de Grimaudet de la Croiserie étant morte, le 12 juillet 1720, sa famille sollicita la cour d'assister à ses obsèques, en maintenant qu'il n'y avait point « sur cela d'usage certain ». Le Parlement trouva un moyen terme : il décida qu'un parent ou ami irait trouver à domicile chacun des présidents ou conseillers, lesquels se rendront, *en chapeaux*, à la maison mortuaire, et de là à l'église et au cimetière. C'est exactement ce qui se pratique aujourd'hui.

Dans la nuit du 21 au 22 décembre 1720, commença le terrible incendie qui, pendant huit jours, se communiqua de proche en proche dans les maisons juxtaposées, toutes bâties en bois, qui composaient le quartier ouest du vieux Rennes. Un cinquième de la ville fut anéanti.

Je ne sais si la maison que possédait François-Joachim Descartes, du chef de sa mère, située non loin de la cathédrale, en Saint-Etienne, fut épargnée. Toujours est-il que Descartes n'entra à la cour que le 8 février 1721, et prit part aux divers arrêts que le Parlement édicta pour parer aux immenses désastres dont la ville était atteinte : fixation du *maximum* des loyers, sur le pied et à proportion de l'impôt du 10e; du *maximum* des matériaux de construction en particulier des ardoises, taxées sur carrière à cinquante-deux sols six deniers le millier ; établissement des halles provisoires dans le jeu de paume de la Basse-Baudrairie, etc.

Le 17 juin 1721, un ouragan épouvantable dévasta plusieurs cantons de la Bretagne et notamment les environs de Plóërmel ; le Parlement rendit, à la date du 25 juin, un arrêt pour réglementer encore le prix des chevrons, de la latte, du clou, des ardoises, que les entrepreneurs voulaient élever.

Au milieu de ces préoccupations générales, je vois surgir quelques anecdotes propres à faire connaître les mœurs du temps, et que je relève, comme je l'ai fait plus haut, à ce titre.

Le avril 1721, on lut une requête dans laquelle Me Guy Picquet, conseiller, frère du greffier en chef, exposait « qu'étant allé, le jour d'hier, sur les trois heures de l'après-midi, voir les sieur et dame de Donges, près la rue Hue de cette ville, où ils logent ; après avoir fait sa visite, il entra, en descendant, dans l'appartement de Me René de Lopriac de Coatmadec, conseiller honoraire en la dite cour, avec le dit sieur de Donges, et le trouva qui chargeoit un fusil auprès d'une petite table, sur laquelle il y avoit une épée et deux pistolets ; qu'il n'y fut pas un moment, que tout d'un coup le dit de Lopriac, conseiller, tira l'épée de son fourreau et voulut la lui passer au travers du corps ; qu'heureusement il para le coup ; mais le dit de Lopriac voyant qu'il n'avoit pu le percer, lui porta deux coups du tranchant de la dite épée sur la tête, de l'un desquels il fut dangereusement blessé, ainsi qu'il se voit par le procès-verbal des chirurgiens, qui visitèrent sa plaie et la pansèrent ; que le dit de Lopriac, mécontent d'avoir manqué son coup, se saisit d'un des pistolets qui étoient sur la table pour lui en casser la tête ; mais que, craignant pour sa vie, il s'en fut promptement et fut vu tout sanglant par les domestiques de la maison : ce qui n'étoit pas tolérable dans la personne d'un conseiller honoraire qui devroit montrer l'exemple, et d'autant moins que le dit Picquet, conseiller, n'avoit eu aucun démêlé avec luy, et qu'il n'y avoit pas eu une seule parole dite entre eux qui pût désobliger le dit de Lopriac ; à ces causes, le dit Picquet requéroit qu'il plût à la cour recevoir sa plainte pour en informer. »

La cour nomma deux commissaires. Le 19 avril, Mᵉ de Lopriac présenta, à son tour, sa requête, contenant « que, mercredy 16 de ce mois, environ les quatre à cinq heures du soir, maître Guy Picquet, conseiller, s'en fut, de dessein prémédité, avec une grosse canne à la main, en la rue Hue de cette ville, où il fait à présent son domicile, et souvenant du procés qu'il avoit sollicité contre lui pour la Dame de Lopriac, et des autres discussions qu'ils ont eues ensemble, il ne fut pas plutôt entré, qu'il proféra plusieurs injures au dit de Lopriac, auquel il donna en même temps plusieurs coups de canne, tant sur la tête que sur les autres parties de son corps, qui le couvrirent tout de sang : que le lendemain, le dit de Lopriac apprit par ses domestiques alarmés qu'on lui avoit volé, pendant la nuit, toute son argenterie et d'autres meubles considérables. » — Les deux mêmes commissaires furent chargés de la double information, qui se poursuivit longuement et avec des incidents multiples de procédure, la chambre des Tournelles prétendant se saisir de l'incident, sans aboutir à d'autre résultat que de prouver l'exagération des deux plaintes, et peut-être la faiblesse de tête du vieux conseiller. Les blessures de Me Picquet étaient, d'ailleurs, si peu graves que, dès le 21 avril, il avait repris son siége à l'audience de la Grand'Chambre.

Du reste, il semble que ce conseiller, Me de la Motte Picquet, était peu endurant et fort vif de procédés. Le jour de la rentrée, 3 février 1722, se trouvant chez Mme la première présidente avec M. de Robien, ces deux magistrats s'insultèrent, et finirent par se donner des coups. A l'audience du 5 février, le procureur général saisit la cour de cette affaire « grave par les circonstances, et par rapport aux personnes à qui elle étoit arrivée. » L'instruction donna lieu à un incident assez curieux. Comme c'étaient naturellement des conseillers qui avaient été témoins de la querelle chez Mme de Brilhac, on se demandait s'ils devaient être interrogés dans la forme ordinaire, ou s'ils dresseraient seulement un procès-verbal qui seruit joint à l'information. La cour, toutes chambres assemblées, décida que c'étaient de simples témoins, astreints aux formes ordinaires, et que le procès-verbal ne devait être dressé, qu'autant qu'il se fut agi de faits intervenus alors qu'ils étaient dans l'exercice de leurs charges, ce qui n'avait pas lieu dans l'espèce.

Le 13 mars 1722, la cour, chambres assemblées, statuant sur le fonds, interdit Picquet de sa charge pour trois mois, et de Robien pour six mois, les admonestant, eux derrière le bureau, « d'être à l'avenir plus sages, plus modérés et plus attentifs à la dignité dont ils ont l'honneur d'être revêtus, tout l'état du procès demeurant supprimé au greffe. »

Les registres de cette époque sont déjà remplis des arrêts réglementaires relatifs aux paroisses, et dont on trouvera le texte et l'analyse dans l'excellent ouvrage de la Germondaye, et d'autres arrêts relatifs à l'interdiction des sépultures dans les églises ; interdiction qui, en attendant qu'elle devint générale, soulevait des résistances passionnées dans les paroisses où on la voulait exceptionnellement appliquer.

Puisque j'en suis aux sépultures, je relève ce détail relatif aux caqueux (1) :

Du 30 avril 1721 : « Le procureur général entré en la cour a remontré qu'il a eu avis qu'après le décès de Julien Havet, âgé de cent deux ans, de la paroisse d'Erquy, cordier, il fut enterré le vendredi 4 de ce mois, en cette paroisse, nonobstant les oppositions de plusieurs particuliers; que la nuit du dimanche au lundy suivant, les particuliers deterrèrent le corps du dit Havet, et le portèrent sur le seuil de la maison de Guillaume Havet, son fils, et tirèrent en cet en-

---

(1) M. Habasque, je crois, a publié quelques documents locaux sur cette affaire ; je ne retrouve pas sa note à ce sujet.

droit plusieurs coups de fusil, avec des menaces qui obligèrent ce fils d'inhumer son père sous une pierre, proche une croix, crainte d'accident. De tout quoi il fit son denoncy au substitut du procureur général du Roy, le 8 de ce mois; qu'en vertu du dénoncy, les juges de Saint-Brieuc descendirent sur les lieux avec le dit substitut, et firent, en leur présence, réinhumer le corps dans le cimetière de l'église et en rapportèrent leur procès-verbal, le 10. Mais que ces malfaiteurs, continuant leur impiété et par attentat formel à justice, ont, la nuit, quelques jours après, deterré une seconde fois ce corps et l'ont porté à la porte des enfants du dit défunt, qui se virent obligés de faire un nouveau dénoncy au même substitut, le 16 du dit mois, lequel requit le même jour une seconde descente; que, cependant, le sénéchal de Saint-Brieuc, au lieu d'y déférer, se contenta d'ordonner aux dénonciateurs d'indiquer incessamment au dit substitut les noms, qualités et domiciles des témoins, et au surplus, déclara n'être point en état de descendre, étant indisposé; que ce corps est actuellement privé de sépulture et gardé par les enfants, qui espèrent encore le faire réinhumer; et, comme il est du ministère du procureur général du Roy de s'émouvoir pour faire réprimer de pareilles impiétés, a requis qu'il plût à la cour y pourvoir. — La cour fait commandement au sénéchal, et, en cas de légitimes excuses, à l'alloué, de descendre immédiatement à Erquy pour faire enterrer le corps en terre sainte, et informer, avec charge d'en avertir la cour dans le mois. »

En 1722, au 20 mars, je note cet épisode assez étrange. Les jours précédents, un loup enragé, pénétra jusque dans la ville de Rennes, mordit une quantité de chiens et blessa même quelques personnes; dans deux arrêts consécutifs, le Parlement ordonna prudemment une immense Saint-Barthélemy de la race canine, et un enfouissement plus soigneux des chevaux morts, justement suspects d'avoir attiré les loups.

La cour eut à se préoccuper ensuite des mendiants que les solennités du Jubilé attiraient en foule à Rennes. Elle décida, suivant l'usage immémorial, que les mendiants étrangers eussent à quitter la ville dans les vingt-quatre heures, sous les peines ordinaires, c'est-à-dire le fouet, et punit de cinquante francs d'amende tous les particuliers qui leur donneraient retraite.

Le 13 mai 1722, le Parlement éprouva une grande satisfaction. A la procession du 15 août 1721, l'évêque de Rennes, Mgr Turpin Crissé de Sanzay, qui avait été l'un des premiers à adhérer à la bulle *Unigenitus*, contre laquelle la partie gallicane du Parlement faisait des réserves que nous avons notées, fit porter la queue de sa soutane par son valet de chambre, suivi de toute sa livrée. Cela choqua absolument le Parlement, d'être ainsi précédé de toute cette valetaille; on en écrivit au garde des sceaux, qui en référa au Régent. La réponse du garde des sceaux fut communiquée par le premier président à la cour. Elle était des plus satisfaisantes; il était décidé par son Altesse Royale que, dorénavant, l'évêque ferait porter la queue de sa robe par un clerc en surplis, et serait suivi seulement par un ou deux de ses principaux domestiques. Le Parlement, sans se compromettre, put désormais suivre les processions.

Le 1ᵉʳ juin, le Parlement se donna à lui-même une satisfaction de même nature. — Le jour de Pâques, M. Arthur de Pellan, l'un des conseillers, s'étant présenté en l'église paroissiale de Vitré pour prendre sa place ordinaire, à la tête du banc de la seigneurie, y trouva installé, et très-largement installé, le nouveau sénéchal de Vitré, en robe, qui ne reconnut pas les droits du conseiller, et ne voulut point reculer et céder une place qu'il considérait comme sienne. Grand scandale! « aucun juge de la province ne s'étant, jusque-là, ingéré de disputer la préséance due à Messieurs du Parlement. » Le Parlement épousa la querelle de M. Arthur de Pellan ; le sénéchal de Vitré fut cité à la barre et s'entendit condamner, après une admonestation, en trois livres d'amende, plus à entendre lire et publier l'arrêt, à ses frais, à l'audience même de la juridiction de Vitré.

Le 17 juin 1722,, fut présentée à la cour une requête très-exceptionnelle et qui rend témoignage à la réputation d'intégrité dont était entouré le dernier des Descartes. Ecuyer Barnabé de Poilley, demanda qu'il « lui fut décerné acte de sa déclaration de consentir que Maitre François Descartes, conseiller, connût du procès d'entre Dame Elisabeth de Belle-Forière, écuyer Adolphe de Romilley et lui, nonobstant la parenté d'entre le dit Mᵉ Descartes et le comte de Brossart, mari de la dite dame de Belle Forière. » La cour décerna acte, et Descartes fut maintenu pour connaître du procès en question.

Je trouve une autre marque de cette réputation d'intégrité dans ce fait, qu'à l'audience du 22 juin, Descartes fut l'un des commissaires chargés de vérifier la qualité de non originaire, en ce qui concernait Maître de la Motte d'Aubigné, qui venait de traiter de la charge vacante de feu Mᵉ Joachim Descartes, et qui lui succéda, comme je l'ai dit, en 1723 seulement.

Descartes fut aussi chargé, par le Parlement, d'une commission toute d'administration intérieure. L'année précédente, la cour avait concédé à un architecte, du nom de Gerbier, le droit de construire des boutiques dans la grande salle des Pas-Perdus : la concession était faite à condition que Gerbier fît tous les frais de construction, dont il se devait rembourser par un certain nombre d'années du produit des locations. C'était une idée peu artistique, mais qui alors, trouvait son application partout, même autour des plus splendides cathédrales.

La spéculation tourna mal. Gerbier n'ayant pu louer que sept de ses boutiques, implora le Parlement, qui voulut bien lui rembourser quatre à cinq mille livres, et prit, à son compte, les locations. — Tout aussitôt requête des locataires, qui étaient surtout des libraires, et qui exposent que « personne ne monte à leurs boutiques, et qu'ils abandonneront la place si on ne détruit pas les échoppes, élevées provisoirement et par tolérance, sous la voûte et aux pieds du grand escalier. » Descartes fut le rapporteur de cette requête. La cour ordonna aux marchands du rez-de-chaussée de déguerpir et de démolir leurs auvents sous trois jours; et, comme ils n'obtempérèrent pas tous, commit, le 13 juillet, Mᵉ Descartes pour faire procéder d'office à la démolition.

Si je ne craignais d'allonger outre mesure, je citerais encore un arrêt du 2 juillet 1722, à propos du salaire des ouvriers agricoles. — L'arrêt note que les ouvriers, avant 1719, recevaient sept sols par jour pour salaire et pour leur nourriture; qu'en 1719, ces salaires s'étaient élevés à douze sols, et en 1720, à quinze sols, dont les ouvriers ne voulaient plus se contenter, ce qui mettait les métayers dans l'impossibilité de faire la récolte; les journées furent fixées au taux de 1719.

En 1723, Descartes ne prit séance à la Grand'-Chambre qu'au mois d'avril, soit qu'il eût pris un congé dont je ne trouve pas de trace, soit qu'il eût siégé pendant ces deux mois aux Tournelles.

Il arriva tout juste pour prendre part à une discussion entre la Grand'Chambre et la Chambre des enquêtes, à propos de l'examen et de la réception des Juges de l'amirauté, magistrats de création nouvelle. C'était la règle que les premiers juges des Présidiaux étaient seuls examinés et reçus par la Grand'-Chambre, les magistrats, d'ordre inférieur, étant renvoyés aux enquêtes; les enquêtes présentaient un mémoire dans lequel elles soutenaient que les magistrats de l'amirauté devaient tous être assimilés aux magistrats inférieurs des tribunaux. On en référa au garde des sceaux, qui donna raison à la Grand'-Chambre, et il fut décidé, le 22 avril 1723, que, dorénavant, les premiers officiers des amirautés seraient reçus en Grand'Chambre, comme les premiers officiers des présidiaux, et les autres officiers renvoyés aux enquêtes pour y être examinés et reçus. Je note cette décision de réglementation intérieure du Parlement, pour les érudits qui voudraient reconstituer la liste des magistrats d'un tribunal spécial, et ne pourraient la compléter avec les seuls registres de la Grand'Chambre, appelés les *Registres secrets*.

A la date du 22 juin 1723, je trouve un nouveau réquisitoire fulminant du procureur général, à propos de la représentation d'une tragédie bretonne, à Kerampont, faubourg de Lannion ; le magistrat dit: «que *c'est une profanation de notre religion,* en même temps qu'un attentat formel à l'arrêt de réglement du 7 novembre 1714. Cette scandaleuse tragédie étoit la représentation de la conversion d'un saint Guillaume, ensuite hermite. La première scène (lisez le premier acte ou la première journée), fut représentée le lundi de la Pentecôte, pendant laquelle il y eut des querelles ; les autres, le mardi suivant et le jour de la fête de saint Yves. Les acteurs étoient travestis, les uns en papes, les autres en prêtres, évêques et cardinaux, portant chapes, dalmatiques, étoles et chasubles. On y a représenté un concile dépossédant un pape, le rétablissant, ou en créant un autre. On y portoit une forme de soleil, représentant le Très-Saint-Sacrement de nos autels, et on donna la triple bénédiction, pendant laquelle plusieurs des assistants étoient à genoux. Toutes ces impiétés et profanations, qui sont au mépris de notre sainte religion, méritent une sévère réprehension. » La cour commit les juges de Lannion pour informer.

Je relève, en passant, ce détail. Depuis que Joachim Descartes de Chavagne a un successeur, François-Joachim de Kerleau n'est plus désigné sur le registre que sous le seul nom de Joachim Descartes, comme son père, ses oncles et son bisaïeul.

Au mois de mars 1724, survint tout-à-coup un édit royal qui modifiait absolument le régime des semestres que le Parlement suivait régulièrement depuis son origine, et surtout depuis le commencement du XVIIe siècle. Le Roi ne trouva point à cette modification l'opposition manifestée lors d'une tentative analogue, par Henri IV. Le règne de Louis XIV avait façonné les fonctionnaires à l'obéissance passive, et l'édit de 1724 fut enregistré sans la moindre réclamation, si ce n'est pour des questions secondaires d'émoluments et de finances, qui furent élucidées dans le courant de 1725, et qui remplissent presque tous les registres de cette année.

L'édit de Louis XV portait que « le Roi statue et ordonne, veut et lui plaît, qu'à l'avenir, les deux semestres de son Parlement de Bretagne soient et demeurent réunis, comme il les réunit en une seule cour de Parlement ordinaire, pour tenir dorénavant la séance ordinaire et continuelle en la ville de Rennes, et rendre la justice aux sujets de sa dite province, avec le même pouvoir et autorité qu'elle a ci-devant fait, et tout ainsi que les autres Parlements ordinaires de son royaume notamment celui de Paris; et ce, à commencer du jour lendemain de la fête de S. Martin de la présente année, pour finir la séance au jour et fête de S. Barthélemy, 24 août de l'année prochaine, et continuer ainsi d'année en année, sans autre interruption. Veut, à cet effet, S. M., que les officiers qui composent actuellement le dit Parlement, soient partagés en six chambres, savoir : une grand'chambre, une chambre de Tournelle, deux chambres des enquêtes et deux chambres de requêtes (qui furent bientôt réduites à une seule), et qu'il soit formé annuellement, un mois avant l'ouverture des vacances, une chambre, composée d'un nombre d'officiers suffisant pour juger toutes les affaires sommaires et provisoires qui ont coutume d'être expédiées en vacations, suivant l'édit d'union, d'août 1669, portant règlement pour la chambre des vacations de son Parlement de Paris. »

C'était, comme on le voit, et jusque dans les plus petits détails, le règlement de nos cours d'appel contemporaines.

Le dernier semestre de février vint se clore, pour ainsi dire, par une condamnation ultra gallicane, fulminée le 13 juillet 1724, et à laquelle je regrette encore de trouver mêlé le nom du dernier Descartes, contre le *Traité théologique sur l'autorité et l'infaillibilité des Papes*, par D. Mathieu Petit Didier. Ce qui choquait surtout les parlementaires, c'est que le savant bénédictin démontrait péremptoirement dans ce petit livre que le gallicanisme ne datait pas de trois siècles. C'est le cas de répéter le mot de Fleury : « Les Parlements ne s'opposent à la nouveauté que quand elle est favorable aux Papes. On trouve chez les auteurs de palais beaucoup de passion et d'injustice, peu de sincérité et d'équité, moins encore de charité et d'humilité » (1).

L'ouverture du *Parlement ordinaire*, comme l'on se prit à dire alors, se fit le lundi 13 novembre 1724. Deux présidents à mortier, trois présidents aux enquêtes, et quarante-sept conseillers, parmi lesquels Descartes, étaient présents.

---

(1) Fleury. Opusc, page 110.

Le 14 novembre, le Parlement arrête que les quatre plus anciens conseillers de la Grand'Chambre seraient exempts du service de la Tournelle. Descartes n'était pas encore appelé à profiter de cette immunité; il était, si je ne me trompe, le cinquième, par ordre d'ancienneté : il fut néanmoins choisi pour faire partie de la commission de la police, et de l'entrétien du palais.

Le 21 mars, le Parlement s'occupant des modifications intérieures, décréta ses petites vacances au nombre de trois, comme à Paris, savoir : de Noël jusqu'au lundi d'après les Rois; pendant toute la Semaine-Sainte et jusqu'au lundi d'après la *Quasimodo*; enfin, pendant toute la semaine de la Pentecôte jusqu'au lundi d'après la Trinité. C'était, y compris les grandes vacances de septembre, une compensation à l'*Otium Semestre,* supprimé.

Par décret du 8 mars 1725, les gages des officiers du Parlement furent annuellement augmentés de 36,300 livres à fournir moitié par le domaine, moitié par les Etats. Si cela donnait 1,000 livres par an à chacun des neuf présidents à mortier, 683 livres 6 sous 8 deniers à chacun des présidents aux enquêtes, et 500 livres aux présidents des requêtes, cela ne donnait aux conseillers non originaires qu'une augmentation de 200 livres, et aux originaires 150 livres seulement; parce qu'il y avait cinquante-deux originaires et quarante-deux non originaires. Après l'enregistrement du décret, il fut arrêté, sous le bon plaisir de S. M., « qu'il lui sera fait de très-humbles remontrances pour le supplier d'accorder des gages proportionnés à l'assiduité et à l'augmentation du service que les conseillers sont forcés de rendre par la réunion des deux semestres de ce Parlement. » Le décret portait en outre que les gages ne seraient payés que sur un certificat d'assiduité délivré par le premier président. Le Parlement, que cette mesure choquait, présenta aussi ses remontrances à Sa Majesté « pour la supplier pareillement d'exempter les conseillers de prendre des certificats de service de M. le premier président, pour toucher leurs gages et leurs suppléments de gages; qu'à l'avenir il leur sera permis de les toucher sur leurs simples quittances, comme par le passé. »

A quelques jours de là, le greffier en chef, Me Charles Piquet, fit aussi ses doléances sur la diminution que la réunion apportait à ses émoluments, si on ne le payait qu'une fois, du velin, des plumes et du papier qu'il avait la charge de fournir pour chaque semestre, et qui allaient, sinon doubler, au moins bien augmenter, pour les dix mois de séance. La cour trouva qu'il avait raison et lui accorda, pour le velin des registres secrets, 180 livres; pour les plumes, le papier et l'encre fournis à Messieurs, 108 livres; et pour les droits d'entrée, 100 livres, c'est-à-dire une somme équivalente à celle qu'il percevait antérieurement.

Le Parlement avait décidé que la corvée des vacations serait successivement remplie par les conseillers à tour de rôle, en commençant par les plus anciens; mais le Roi avait, pour cette année, constitué d'office cette chambre intérimaire. Descartes, qui en eut fait partie, d'après le règlement de la cour, y echappa ainsi. Il était déjà parti lorsque la cour assista en robes rouges, le 30 septembre, au *Te Deum*, pour le mariage de Louis XV. Ses vacances se prolongèrent même, comme si l'on eut été encore sous le régime des semestres ; car il ne rentra à la cour que le 11 mars 1726. Il en était absent lors des interminables discussions entre la Grand'Chambre et les enquêtes, sur la question de savoir si les appels des jugements consulaires appartenaient exclusivement à la Grand'Chambre : question qui ne put être tranchée que par une décision royale, en faveur de la Grand'Chambre. Mais il était présent lorsque fut soulevé le grave incident que voici :

Du mardi 25 juin 1726. — « Ce jour, la compagnie ayant appris que Messire Paul de Robien, président, quoi qu'étant à la tête de la compagnie (1), avait fait la première visite à l'évêque de Rennes (2), à sa première entrée dans le diocèse, contre l'usage établi et ce qui se pratique à l'égard même du gouverneur de la province ou du commandant pour le Roi, l'a prié de ne pas commettre, en pareille occasion, la dignité du Parlement. A quoi Messire Paul de Robien, président, a répondu : qu'il ne l'avoit pas vu comme ayant l'honneur d'être à la tête de la compagnie, mais pour des raisons et considérations particulières; et qu'il avoit même eu l'attention de ne le voir que le cinquième jour après son arrivée, afin qu'il ne crût

(1) Le premier président étant absent.
(2) Mgr de Breteuil.

pas qu'il lui rendoit ce devoir comme chef du Parlement. »

Le président de Robien, dont il est ici cas, était le père du président de Robien, qui s'est fait un nom par ses écrits et ses belles collections. Le président de Robien père, était le beau-frère du président Le Prestre de Châteaugiron, dont le fils, aussi président après son père, épousa la fille unique du conseiller Descartes.

Le 18 août 1726, *Te Deum* pour la convalescence du Roi.

Le 23 août, fut publiée la liste des conseillers qui allaient tenir la chambre des vacations. Descartes en fut encore exempt. Les dernières audiences furent toutes consacrées au règlement du logement du greffier en chef, du greffier garde-sacs et du concierge-buvetier, qui étaient logés au palais; et de la location des boutiques, qui était antérieurement de 1415 livres 15 sous, mais qui se trouvait diminuée de quatre à cinq cents livres, par les modifications apportées à la voûte d'entrée et à d'autres voûtes dont la solidité avait paru menaçante.

Descartes était à l'audience de rentrée, 12 novembre 1726; mais il disparaît presque aussitôt, et je vois, à la date du 28 février 1727, qu'il est compris parmi les conseillers « hors d'état de venir de sitôt au palais », ce qui le fait remplacer comme commissaire dans un interminable procès de compte de tutelle, commencé depuis l'année précédente.

Il ne reparaît que le 2 avril.

Il fut désigné pour faire partie de la chambre des vacations de 1727 ; mais le registre ne constate pas une seule fois sa présence.

Il était à la rentrée de novembre 1727, et fit encore partie de la commission du palais, puis il disparaît, comme l'année précédente, pour ne rentrer effectivement que le 16 avril, et faire un service de quelques semaines à peine ; ce devait être une raison de santé, quoique les registres sont absolument muets sur ce point.

Pendant son court séjour, Descartes assista à un réquisitoire curieux du procureur général relativement à des désordres nocturnes qui se multipliaient un peu partout, et surtout dans la ville de Guingamp. Quelques semaines auparavant, des vauriens avaient rossé un bourgeois de Sainte-Croix, spécialement chargé de la police dans ce faubourg ; ils venaient de commettre une autre incartade. Ils avaient détaché l'échelle de la potence, et l'avaient solidement placée sur le perron du tribunal, si bien que, le lendemain matin, le sénéchal et les autres juges furent obligés, pour se rendre à l'audience, de se servir de l'escalier du bourreau et des pendus. Le Parlement ordonna gravement une information : bien entendu qu'on ne trouva personne.

L'absence de Descartes, en 1729, fut encore plus prolongée ; il n'assista pas à la rentrée de novembre 1728, et n'apparaît qu'au 17 du mois de mai. Je veux cependant relever un fait assez imprévu qui fut révélé en son absence, par M⁰ de Keraly, doyen. Il affima que plusieurs des conseillers n'étaient pas en réalité propriétaires de leurs charges, qu'ils en étaient simplement locataires, pour un temps qui variait de dix à vingt ans.

Le Parlement, sur cette dénonciation, rendit un arrêt à la date du 29 mars 1729, par lequel il ordonnait que chaque candidat joindrait à ses pièces l'acte notarié de cession, et prêterait serment de sa sincérité, « et, au cas qu'il se trouvât quelqu'un qui eût contrevenu au présent règlement, ce que l'on n'ose présumer, il y sera lors pourvu par la cour, ainsi qu'il sera vu appartenir. »

A l'audience du 1er juin, Maître François Querard présenta à la cour le tableau de l'ordre des avocats près le Parlement ; jusque-là ce tableau n'avait point été dressé, ainsi que nous l'apprend le bâtonnier lui-même. Le barreau fixait à trois ans la durée du stage, qui, à Paris, n'était que de deux ans. Il demandait, et la cour prit un arrêt dans ce sens, que les mémoires et écritures fussent réservés aux avocats non stagiaires, et fussent défendus aux procureurs.

Descartes ne siégea que quelques semaines à peine. Il n'était pas là, et je l'en félicite, lorsque sur les véhémentes réquisitions du procureur général et à l'imitation du Parlement de Paris, le Parlement de Rennes ordonna la suppression de l'office, ou au moins des leçons de l'office de saint Grégoire VII ! Arrêt du 17 août 1729.

Pendant les vacances de 1729, la chambre des vacations commanda un feu de joie sur la place du Palais, la fermeture de toutes les boutiques, et l'illumination de toute la ville, *sous peine d'amende*, à l'occasion de la naissance du Dauphin. Le *Te Deum*, qui fut chanté à cette occasion dans la chapelle du

Palais, devint l'occasion d'un conflit assez aigre avec l'évêque de Rennes, qui avait voulu présider à la cérémonie, et avait même invité le premier président et tous les membres du Parlement à dîner chez lui. La cour, dont il était membre de droit, n'envoya pas au devant de lui et ne le fit pas reconduire, ce dont il se plaignit au Roi. Il y a sur cet incident de très-longs détails dans le registre, et ce qu'il y a de très-piquant, c'est que le membre le plus acerbe contre les prétentions de l'évêque, fut le président de Robien, le même à qui la cour avait recemment cherché noise, à cause de la visite faite par lui au prélat.

Au commencement de la séance, à laquelle je ne vois pas que Descartes ait assisté, la cour formule un règlement qui envoyait dix par dix les membres de la Grand'Chambre siéger successivement aux Tournelles; Descartes, les quatre plus anciens conseillers étant exemptés, se trouva en tête de la première dizaine. Je relève cependant quelques traits des arrêts de règlements contemporains, auxquels il n'assista pas. Le 20 décembre 1729, Me Jean-Baptiste Le Long, conseiller, exposa que, d'après un usage immémorial, les récipiendaires étaient obligés de faire leur première visite à pied, à tous les présidents et conseillers, et de la renouveler jusqu'à ce qu'ils eussent la chance d'être reçus par chacun des magistrats. Comme les récipiendaires étaient tous fils ou parents de Maîtres, ceux-ci étaient astreints aussi à la visite pédestre, ce qui dans la saison, et vu le grand nombre des conseillers réunis aujourd'hui, ne laissait pas que d'être fatigant, et même dangereux pour de vieilles santés.

La cour partagea cet avis et décida qu'à l'avenir les

visites pourraient se faire en chaise ou en carrosse, à la condition ancienne de se présenter autant de fois qu'il le faudrait, pour trouver tous les membres de la cour chez eux.

A l'audience du 22 décembre, M. de la Bédoyère fils, substitut de son père, le procureur général, dénonça une magistrature moins craintive des intempéries de la saison. Cinq paysans, Briand Kerlozic, Jean Farault, Briand Trémorin, Paul Rosmarho et Toussaint Le Luach, avaient, de leur autorité privée, constitué une juridiction aux environs de l'abbaye de Lanvaux ; et le peuple, peu confiant sans doute dans les juges de l'abbaye, se faisait juger par nos cinq paysans, dont l'un prenait le titre de sénéchal, l'autre celui d'alloué, le troisième celui de greffier, les deux autres ceux de procureur, notaire et de sergent. Ils tenaient leurs audiences en plein air, tantôt au pied d'un arbre, proche la chapelle de Saint-Mériadec, tantôt au coin d'un fossé, tantôt même, pour employer l'expression du jeune substitut, « dans un désert nommé la Lande de Bouet, au bord de la forêt, et autres lieux écartés, sans jours ni heures fixes. » La cour se contenta de dire qu'elle « permettoit aux juges supérieurs de faire ce qui leur incombe, ainsi qu'ils aviseront bon être. »

Descartes n'apparaît pas une seule fois dans tout le courant de l'année 1730. Il est absent lorsque les lettres de cachet adressées au procureur général Huchet, le mandent à Paris, avec deux présidents, MM. de Marbeuf et de Bédée, disgraciés comme lui, et lorsque La Chalotais, prenant la place de M. de Francheville, devenu président à mortier, devient avocat général. La cour, du reste, se renouvelait entièrement ; jamais les réceptions n'avaient été plus fréquentes. L'heure de la retraite était aussi venue pour le dernier des Descartes. Il n'apparaît pas une seule fois encore à la cour, pendant l'année 1731 ; il n'y est question qu'une seule fois de lui.

La mort de M⁰ de Keraly, doyen de la Grand'Chambre, survenue le 22 juin, faisait compter Descartes parmi les quatre plus anciens et l'exemptait de la Tournelle.

On le retira donc de la liste de cette chambre, et on le remplaça par le conseiller dernier entrant en Grand'-Chambre. Il fut désigné pour faire, en cette année 1731, partie de la chambre des vacations, où il ne parut pas ; le registre ne constate pas une seule fois sa présence, en 1732.

Le 26 juin 1733, à propos d'un procès dont il avait connu, le greffier en chef qui lui avait écrit par ordre de la chambre, fait connaître que le dit Descartes et le conseiller Le Chat ont « mandé que leurs infirmités les mettoient absolument hors d'état de se pouvoir rendre à Rennes pour exécuter l'arrêt, et qu'il étoit nécessaire de nommer de nouveaux commissaires pour les remplacer. » C'est là l'explication de cette absence si souvent constatée.

Après que l'on eut appris en Bretagne, au mois de mai 1734, que le premier président de Brilhac, avec lequel Descartes avait constamment servi, était remplacé par Mʳᵉ de la Briffe d'Amilly, le vieux conseiller n'hésita plus à se défaire lui-même de sa charge, et il la céda, par acte du 20 juillet 1734, à Maître Claude

Dupont de Chuilly. Quelques jours après, la Chancellerie, sans tenir compte de la qualité de sous-doyen acquis à Descartes, de ses infirmités et de la cession de sa charge, le commettait encore une fois pour faire partie de la chambre des vacations. Il est inutile de dire qu'il n'y parut pas.

Il mourut à Vannes, dans la maison qui lui appartenait, paroisse Saint-Pierre, et fut inhumé à Elven, le 8 avril 1736.

En lui s'éteignit le nom des Descartes (1).

FIN.

---

(1) M. de Keratry écrivait, en 1852, dans le *Musée des familles* : « Dans ma jeunesse, j'ai connu à Rennes deux demoiselles Descartes, très-âgées, petites-nièces du philosophe et qui y vivaient vertueusement du travail de leurs mains. » — Il est très-clair que les demoiselles *Descartes*, qui auraient vécu comme de simples ouvrières, à la fin du XVIIIe siècle, ne pouvaient se rattacher d'aucune façon à la famille dont nous avons retracé toute la généalogie.

TABLE GÉNÉALOGIQUE ET HISTORIQUE

DE

LA FAMILLE DESCARTES

EN BRETAGNE.

	Pages
I. JOACHIM DESCARTES, né à Châtellerault, fils unique de Pierre Descartes et Claude Ferrand.	4
— Sa maison et ses biens à Châtellerault et dans le Poitou.	7
— Joachim Descartes devient conseiller au Parlement de Bretagne, le 14 février 1586.	9
— Il épouse Jeanne Brochard, fille du lieutenant-général de Poitiers et de Jeanne Sain. — 15 janvier 1589.	18
— Il ne peut venir à Rennes à cause des troubles du Poitou.	22, 27, 30
— Enlèvement du Premier Président. — Les barricades de Rennes.	20
— Arrêts contre Mercœur et le Parlement de la Ligue à Nantes.	21
— Entrée de Henri IV à Rennes.	38
— Naissance de (A) Pierre, fils aîné de Joachim Descartes.	29
— (B) René Descartes, 1er avril 1596.	37
— (C) Jeanne Descartes. — Mort de Jeanne Brochard, 13 mai 1597.	35
— Mort d'un quatrième enfant né du mariage de Joachim Descartes avec Jeanne Brochard, 16 mai 1597.	36
— (C) Mariage de Jeanne Descartes avec Pierre Rogier, seigneur du Crevy (21 avril 1613). — Enfants issus de ce mariage.	54
— (B) René Descartes fait ses humanités à La Flèche.	53
— Il va à Paris en 1613.	54

TABLE.

	Pages
— Il se fait recevoir licencié en droit, à Poitiers, 9 et 10 décembre 1616.	65
— Il s'engage comme volontaire au service de la Hollande.	65
— Il vend les terres en Poitou qui lui viennent de sa mère, et garde le nom de sieur du Perron.	66
— Il va en Italie	66
— Il se retire en Hollande en 1629, et publie le *Discours sur la méthode* en 1637.	99
— Partage de la succession de son père en 1641.	103
— Il vient en Bretagne, 1644.	135
— Il meurt à Stokolm, le 11 février 1650.	137
— Notice de Catherine Descartes sur la mort de son oncle.	184

II. Second mariage de Joachim I Descartes avec Anne Morin, fille de Jean Morin, premier président à la Cour des comptes, et de Françoise Rhuys. 49

De ce mariage :
- (A) Joachim II Descartes. 50
- (B) Claude, né le 9 novembre 1604, mort enfant. . . 50
- (C) François, né et baptisé à Sucé, en 1619, mort enfant. 50
- (D) Anne, baptisée à Rennes, le 25 mai 1611. . . . 51
- Elle épouse, en juillet 1628, Louis d'Avaugour. . . 102
- Joachim I Descartes, commissaire du Parlement pour faire raser les fortifications de Blavet (Port-Louis). . 54
- Procès de Chalais. 72
- Rapport de Joachim Descartes. 77
- Compte de l'exécution de Chalais. 90
- Il se démet de sa charge au Parlement en faveur de Joachim II, son fils du 2ᵉ lit, 10 décembre 1625. . . . 92
- Il quitte le Parlement, le 21 juillet 1628. 95
- Il meurt à Chavagne, et est enterré à Nantes, en octobre 1640. 101

III. Branche de Kerleau. — PIERRE DESCARTES, né à la Haye, le 19 octobre 1590. 29
- Il fait son droit et passe ses examens à Poitiers, 6, 7 et 8 août 1613. 53
- Il est reçu conseiller au Parlement de Bretagne le 10 avril 1618. 63
- Il épouse, à Elven, le 25 septembre 1624, Marguerite Chohan, dame de Kerleau. 67

TABLE.

	Pages
— Notes sur la famille Chohan. Mort de Marguerite Chohan, à Rennes, inhumée à Vannes, 21 janvier 1641.	102

De ce mariage :
- (A) Anne, née le 29 décembre 1625. — Religieuse aux Carmélites de Vannes. 96
- (B) Joachim III Descartes. 96
- (C) Pierre, baptisé le 22 juin 1628, marié à une veuve de qualité, meurt sans enfants. . . . . . 95 et 163
- (D) Françoise, née le 22 février 1629. — Religieuse aux Ursulines de Ploërmel. — Morte le 27 décembre 1660. 96
- (F) Marie-Magdeleine, née à Rennes, en 1634, épouse François de Perenno, Seigneur de Penvern. . . . 98
- (F) Catherine Descartes, née à Elven, le 12 décembre 1637. 98
- Poésies de Catherine Descartes. — Sa mort. . . . 184
- Pierre Descartes est un des députés délégués par le Parlement pour aller saluer Louis XIV, à la mort de Louis XIII. Relation de cette députation. 121
- Il transmet sa charge de conseiller à Joachim III de Kerleau, son fils aîné, reçu le 30 mai 1648. . . . 137
- Il achète une autre charge. 138
- Il cède cette charge, et se retire de la cour le 7 juillet 1654. 154
- Testament de Pierre Descartes. 161

IV. JOACHIM III DESCARTES DE KERLEAU. — Reçu conseiller en survivance de son père, le 30 mai 1648, épouse, le 1ᵉʳ janvier 1656, Marie Porée du Parc, fille de Messire Nicolas du Parc, conseiller au Parlement, et de dame Julienne Duguesclin. 157

De ce mariage :
- (A) François, né le 20 avril 1664. 158
- (B) Pierre, né le 2 mars 1665. — Mort enfant. . . . 158
- (C) Marie-Magdeleine, baptisée à Elven, le 8 janvier 1668. — Mariée à Charles Bidé de la Grand'Ville, conseiller au Parlement, veuve en 1689. 158
- (D) Joachim, baptisé à Elven, le 26 janvier 1669, mort en bas âge. 159
- (E) Sébastien-Anne, né à Rennes, le 29 juin 1672, mort en bas âge. 159

TABLE.

— (F) René, né le 14 décembre 1673, à Elven. — Profès dans l'ordre des Jésuites, mort avant 1737. 160
— (G) Catherine, morte novice, aux Ursulines de Ploërmel, le 5 février 1686. 161
— (H) Une autre fille dont on n'a pas le nom. 164
— Exil du Parlement à Vannes. 167
— Création de la Compagnie des Indes (1664). . . 171
— Révocation de l'Edit de Nantes. 173
— Réformation de la noblesse. Preuves des Descartes. . 175
— Rentrée du Parlement à Rennes (1690). 193
— Mort, à Rennes, de Joachim Descartes de Kerleau, avril 1700. 199
— Sa charge cédée à Me Guillaume de la Noue. . . . 199

V. FRANÇOIS-JOACHIM DESCARTES DE KERLEAU, fils du précédent, né le 20 avril 1664, achète la charge de Me Charles Bidé, conseiller au Parlement, est reçu le 9 mars 1691. 193

— Il épouse, le 16 juillet 1697, Anne-Marie-Sylvie-Joseph de Quifistre de Bavalan, fille de messire Jean-Vincent de Quifistre, et de dame Marie-Anne Marin de Moncaut. 195

De ce mariage, une seule fille :
— (A) Marie-Sylvie Descartes, qui épousa René-Jacques-Louis Le Prestre de Châteaugiron, dont un fils unique, René-Joseph Le Prestre, né en 1753. — Marie-Sylvie, morte le 13 juillet 1762, est enterrée dans l'église d'Elven. 195
— François-Joachim Descartes de Kerleau meurt à Vannes et est enterré à Elven, le 8 avril 1736. . . . . .

VI. BRANCHE DE CHAVAGNE. — Notice sur les terres de Jaille, de La Touche et de Chavagne, en Sucé. 107
— JOACHIM II DESCARTES DE CHAVAGNE, fils de Joachim I et d'Anne Morin, reçu conseiller au Parlement, le 10 juillet 1627, en survivance de son père. — Lettre d'honorariat du 20 juillet 1628 pour Joachim I Descartes. . . . . 93 et 95
— Mariage de Joachim II avec Marguerite Dupont, fille de messire Louis Dupont, conseiller d'Etat et président en la chambre des Comptes, 5 septembre 1632. . . . 98

TABLE.

Pages

De ce mariage :
- (A) Joachim IV de Chavagne. 108
- (B) Louis, né en 1639 ; il se fit prêtre, fut chantre de l'église collégiale de Montagu, prieur de Cardreuc, et mourut, à Jaille, le 13 juin 1697. 109
- (C) Marguerite, baptisée à Sucé, en 1640, vivait encore en 1645. 110
- (D) Philippe, baptisé à Sucé, en 1640, entra dans la Compagnie de Jésus, et fit profession en 1666, mort en 1716. 110
- (E) Augustin, prêtre, recteur de Nivillac et Doyen de la Roche-Bernard, mort le 17 janvier 1707.. . . . 110
- (F) René, filleul de René Descartes, né à Chavagne, en 1644, baptisé le 15 août et nommé le 9 septembre 1644, sans autre trace. 111
- (G) Anne-Louise, mariée, le 14 février 1658 à René Ferré. 111
- (H) François, né à Chavagne, en 1645, marié à Anne Le Lou de la Babinaye, dont une fille, née à Jaille, le 14 juillet 1681, mariée à François-Philippe de Bruc, comte de Montplaisir, et un fils, né le 3 juillet 1684, baptisé à Sucé, le 15 décembre 1685, sans autre trace. 111
- (I) Henri, né à Rennes, le 31 janvier et baptisé le 2 février 1650. Mort le 20 février 1670. 112
- (J) Marie, baptisée à Rennes, le 27 mars 1651.—Morte religieuse à Ancenis. 113
- (K) Ignace, baptisé à Rennes le 1er août 1652.—Chanoine de la collégiale de Guérande, mort à Chavagne en 1675. 113
- (L) Joseph, baptisé à Rennes, le 4 mars 1655.— Marié le 18 février 1689, à Jacquette Le Gouvello, d'Auray, mort sans enfants, avant 1696. 114
- (M) Françoise, baptisée à Rennes, le 5 juin 1657, morte sans autre trace. 114
- La Fronde. — Conflit du Parlement avec le maréchal de la Meilleraye (1652). 144
- Incendie du temple des protestants, à Rennes (1654). 152
- Entrée du Parlement dans le nouveau palais (1655). . 155

	Pages
— Réformation de la noblesse. — Production de Joachim Descartes (1668).	175
— Exil du Parlement à Vannes. — Joachim II Descartes de Chavagne, doyen de la Grand'Chambre, cède sa charge au Parlement, et fait enregistrer ses lettres de conseiller honoraire.— Il meurt à Chavagne en 1680.	192
VII JOACHIM IV DESCARTES DE CHAVAGNE. — Epouse, le 27 octobre 1657, à Nantes, Prudence Sanguin, fille de Louis Sanguin, conseiller au conseil d'Etat, et de défunte Bonne de Monty.	164
— Il achète la charge de François Saguier, conseiller au Parlement de Bretagne, et est reçu le 21 mai 1659.	164
De son mariage :	
— (A) Louise-Prudence, baptisée à Rennes, le 9 février 1659.	177
— Epouse, le 31 août 1676, Chrystophe de Rosnyvinen de Piré, dont cinq garçons et sept filles.	179
— Meurt à la Visitation de Rennes, mars 1740.	181
— (B) Marguerite, baptisée à Rennes, le 26 décem. 1659. — Religieuse aux Ursulines d'Ancenis.	181
— (C) Céleste, épouse, le 9 avril 1682, François Amaury de la Moussaye ; veuve et sans enfants, meurt à la Visitation de Rennes, en 1742.	181
— (D) Suzanne, baptisée à Rennes, le 9 mai 1664. — Epouse, en 1690, Jean de Rosnyvinen, dont plusieurs enfants. Morte avant 1711.	183
— Joachim IV Descartes de Chavagne, après l'établissement de ses filles, se fait prêtre.	183
— Testament de Joachim IV, achevé en 1714.	205
— Il meurt — et est enterré dans l'église de Piré, le 9 août 1718.	208

FIN DE LA TABLE.

www.ingramcontent.com/pod-product-compliance
Lightning Source LLC
Chambersburg PA
CBHW070657170426
43200CB00010B/2269